腾讯公关法

黄洪波　孙伟航　曹逸韵◎著

TENCENT

PR BASIS

ZHEJIANG UNIVERSITY PRESS
浙江大学出版社

　　在决定创作《腾讯公关法》的时候,我们曾经问过许多与腾讯打过交道或正在接触的媒体人士:如何评价腾讯公关?他们大多都会提高嗓门说:"腾讯是一家产品型公司,它的公关好像没什么可说的。"

　　这不得不让我们产生怀疑,难道腾讯真的没有公关吗?如果大家都认为腾讯公关不够强,为什么还要研究它?我们做一本书,如果不是为了让读者能够从中得到一点什么,那为什么而做呢?

　　带着这样的困惑,我们走进了腾讯公关。和我们同行的,有两位资深媒体人和一位财经作者。我们结伴而行,从外向内"包围"腾讯公关,试图挖掘它隐藏的价值。

　　意料之中的是,尽管已有海量的关于腾讯的报告、报道以及图书作品,比如《腾讯传》《腾讯方法》《腾讯之道》《X光下看腾讯》等,但专门研究腾讯公关的少之又少，只能找到一些只言片语。

而意料之外的惊喜是，腾讯公关并不像人们所说的那样零散。相较于许多一出生就有非常强大的公关力量的企业而言，腾讯让我们看到了一家企业的公关思维从无到有、从稚嫩到成熟的全过程。

这种生长的轨迹，让人备觉珍贵。

为何腾讯无公关？

1998年，当马化腾和他的伙伴们在深圳华强北赛格科技创业园落户的时候，一门心思想的是开发一套虚拟寻呼系统，而腾讯创始团队也围绕着这套新系统而组建。

在五位创始人中，马化腾和张志东都是技术男；负责市场销售的曾李青，曾在电信局下属分公司担任市场部经理多年，拥有丰富的市场资源；许晨晔，在深圳的电信数据通信局做专业技术工作；陈一丹，在深圳出入境检验检疫局工作。

从这份核心成员名单里可以看到，技术人才占了一大半，没有任何公关的影子。按照如今创业公司的配置标准来看，没有公关的团队是不合格的。然而，就是这么一支"不合格"的创业队伍，在1998年到2004年之间，怀抱着外面纷纷扰扰与我无关的心态，埋头做事，顽强地活了下来。

诚然，对于当时的腾讯而言，有公关与没有公关，几乎没有差别。其原因有二：

第一，如果腾讯一直研发虚拟寻呼系统，搞网站设计制作、服务器存储空间、网络维护这些事情，公关对它来说的确不是必需品。

腾讯早期的这些产品，服务于 B 端用户，比如电信公司等，这些客户都是一个一个地去谈来的，因此不太需要依靠媒介的宣传，也没有必要浪费时间和金钱去维护公关形象。

这和华为在通信业务时代的表现颇为相似。众所周知，华为也是在有了面对消费者市场的手机产品之后，才脱掉了低调的外衣，慢慢地开始重视公关、品牌的建设。而如果不是 OICQ 的出现，腾讯的公关大门或许还会一直关闭。实际上，在 OICQ 诞生后的较长时间里，腾讯的公关大门也没有打开。

第二，公共关系学在中国的发展历程较短，中国企业公关意识普遍不强。

1983 年 9 月，广州白云山制药厂组建了公共关系部，这标志着公共关系正式引入中国企业。巧合的是，几乎同时，互联网技术进入中国，并且在中国土壤生根发芽。之后的 30 年，尤其在腾讯、阿里巴巴等互联网企业崛起之后，信息传播技术飞速进步，这成为公共关系学发展的助推器。

20 世纪 90 年代，公共关系学在国内还处于萌芽酝酿阶段，尚未真正快速推行和爆发。不过，在这一时期，已有企业家见识到了公关的威力。1997 年，史玉柱的巨人大厦项目财务问题爆发，原本对其热捧的媒体立即变脸，责骂声铺天盖地。企业与媒体之间的沟通尚且如此，更不用说企业与同行、顾客、政府、社区等其他公众之间的关系了。

那时候，就连企业和企业家，在中国也是刚流行不久。1984—1998

3

年,中国出现了两代企业家群体,第一代是以任正非、柳传志、张瑞敏等为代表的"84派"企业家,第二代是以陈东升、郭广昌为代表的"92派"企业家。他们带领的,是中国改革开放后最早的企业。

这群实干家们,整天带领着各自的队伍开拓崭新的天地,无暇对公共关系进行系统、专业的梳理。但是他们已经意识到,企业经营是一门沟通的艺术,企业只有处理好各方关系,才有可能寻得良机,而且他们也在有意识地训练一些公关方面的技能。很多聪明又勤快的企业家很快意识到了公关的重要性,从对外发声到联络各方关系,逐渐形成了比较规范的行为方式。

到了20世纪90年代后期,中国出现了以马化腾、马云、张朝阳、丁磊为代表的第三代企业家。这群创业者无疑是幸运的,他们有机会借助互联网技术的翅膀,在公共关系的辉煌时代尽情舞蹈。

阿里巴巴的公关向来名气大,被外界称为"公关第一天团"。2000年,阿里巴巴刚成立1年,马云就策划了名动天下的"西湖论剑",在互联网圈名气大涨;张朝阳、李彦宏是留学归国人士,他们受到国外创业者的影响,在公关事务方面也有各自的主意。

然而,当互联网界的其他小伙伴们纷纷开启公关之路的时候,本土学霸马化腾正带着团队研究如何做一名优秀的产品经理。

1999年2月10日,在腾讯公司成立3个月之际,OICQ第一版本正式发布。4年之后,OICQ更名为QQ,有了可爱的企鹅形象,还成功推出了Q币、红钻、QQ秀……从产品设计到运营,腾讯所做的一切,堪称产品专业主义的教材范本。

　　在此过程中，腾讯一直用产品与外界对话。比如在 QQ 秀的设计上，腾讯为用户提供了丰富多样的选择：时尚女装、职业装、手链、手包、墨镜、项链、发型，甚至口红、眼影、眼型、眉型……用户可以随时更换自己喜欢的 QQ 秀形象。用户在使用 QQ 秀时，与腾讯发生了连接，腾讯也就达到了与用户沟通的目的。为了与用户更好地沟通交流，腾讯不断优化产品，把产品做到极致。

　　如果从产品运营角度来说，腾讯在创立初期就深谙其中的门道。建立产品与用户之间的情感关系，相信没有哪家公司比腾讯更在行。然而，产品运营虽然与用户也会有充分的沟通和交流，也要有外部形象的展示，也非常重视品牌建设，但并不能取代公关。对产品的固执坚持，在过了一个临界点之后，就变成人们口中所说的：腾讯只有产品，没有公关。

腾讯公关生长脉络

　　创业初期的腾讯，围绕用户展开的沟通活动，基本都是为了升级产品设计，为用户创造更好的体验。除此之外，在品牌形象、舆论宣传等与公关活动相近的方面，腾讯少有动作。即便有，也没有形成体统，更多时候是一种自发行为。一方面，当时的腾讯还只是一家小公司，它的一举一动不在媒体的关注范围内；另一方面，腾讯低调慎言，很少对外公开传播公司举动。

　　那么，腾讯是从什么时候开启与外界沟通的大门呢？

　　2003 年，腾讯网创立，腾讯的公关意识开始觉醒。在 3Q 大战之前，腾讯主要完成了公关的第一层含义，即把自己讲给别人听，让更多人知道自己的好。在腾讯网这一媒介的助力下，腾讯做了许多类似于公关的举动，比如打广告、更换标志图、赞助活动等。这些行为主要是为了宣传，并不能说是真正的公关行为，因此可以称为类公关。

2005年，腾讯发布了"大回响，大影响"品牌战略。用马化腾的话来讲，发布这一品牌战略，是出于腾讯对自身发展的深刻思考。他说："从建设腾讯以来，我们一直在思考一个问题，腾讯应该建设成一家什么样的公司？现在，终于有了答案。第一，腾讯要成为一家最受尊敬的互联网公司。第二，腾讯要成为一家利用互联网技术提升人类生活品质的公司。第三，腾讯要成为一家一切以用户价值为依归的公司。'大回响，大影响'正是表明了我们对客户更深刻的理解，同时也表明，腾讯将更加重视网络的汇聚力、影响力和创造力对于用户的价值。"

马化腾总结的三点，可以说是腾讯公司的终极梦想。而在通往梦想的路上，总是布满障碍，让人一不小心就会栽跟头。

腾讯的跟头，3Q大战算一个。在以往的报道和图书中，各路人士对3Q大战做过许多精彩回顾和全面评述。不可否认的是，3Q大战对腾讯是一个关键的转折点。这起事件让腾讯反思良久，并且做出了积极的改变。

如果没有3Q大战，外界对于腾讯公关的认识，或许还会晚一点。3Q大战结束后，让人深思的问题是，原本占理的腾讯，为何没有得到公众的谅解和支持？

在2011年出版的《X光下看腾讯》一书，记录了专家学者们对当时腾讯的全方位诊断结果。其中,《3Q 大战的处理过程中,腾讯错在何处?》《3Q 大战是偶然还是必然?是否仅是一场公关危机?》《如何赢得公众的信任?》《企业如何建立和外界良性沟通的渠道?》等文章,都是针对腾讯公关写的,专家们也提出了许多真知灼见。

比如,在《3Q 大战是偶然还是必然?是否仅是一场公关危机?》一文中写到:究竟存在什么问题呢?胡延平(DCCI 互联网数据中心创始人)认为,腾讯对产业趋势判断不足是主要原因,"归根结底,问题出在腾讯核心决策层对整个产业和市场存在一种错觉。在这种错觉下,业务布局、业务开展的方式都有问题,公关变成了消防员,四处救火"。

类似这样的客观分析,帮助腾讯找到了问题的根源。同时,也说明了腾讯的公关确实有问题,但不是致命的问题。而值得注意的是,"诊断腾讯"系列座谈是由腾讯公关部主导组织的,这是腾讯多年来第一次坐下来倾听外界的声音。

此番问诊之后,腾讯提出了新的开放战略。从 2012 年至今,公众看到了一个截然不同的腾讯。首先,腾讯不再大包大揽,而是和其他企业建立了深入的合作关系。比如,腾讯放弃自己做电商,转而和京东合作。其次,不再固执于一家独大,而是成立腾讯基金,投资具有潜力的创新公司,帮助别人成长。

2012 年,腾讯的市值是 400 亿美元左右,2016 年,腾讯已经有 2000 亿美元的规模,开放的魅力可见一斑。此时,腾讯公关也发生了显著变化,它不再悄悄地站在企业背后,而是真正站到了台前。

和公司的发展速度相比,腾讯公关的起步和发展显然没有跟上脚步。但这是与公司发展阶段相关的,并不是某个部门或环节的问题。幸运的是,在经历了打击之后,腾讯能够从低谷反弹,清楚地认识自己、认识错误,以更好的姿态出现在公众面前。

腾讯公关六大力量

为了不陷入对公关技术的纠结中,本书将腾讯放到整个 IT 行业中加以审视,希望用横向、纵向、异同、个案分析等方法,立体化、多维度呈现腾讯公关的脉络。最终,当腾讯的公关版图完整呈现之时,我们发现,这是六种力量的聚合。而这六种力量,不仅在腾讯身上看得见,对其他企业也有共通性和适用性。

本书的第一章,从"没有公关的那些年"谈起,这就好比一个人的成长,幼年时所经历的事情会对之后的人生带来影响,而童年对人们后天的性格塑造会产生重要意义。一个企业的"生长力",决定了其今后的发展前景。

在第二章中,读者会看到一个快速成长的腾讯。它爆发出了强大的"进击力",但也埋下了诸多风险,致使腾讯走了许多弯路。表面的霸气并不是真正的强大,这一阶段的腾讯公关或许不太受人喜欢,也不太受人认同,但它至少在努力成长,不怕犯错,也不怕跌倒。

当"战争"爆发的时候,腾讯公关付出了代价。在本书第三章,3Q 大战打响,这是一场商战,也是一场公关战,它的发生和结果对腾讯产生了极大的影响。如果没有对 3Q 大战的反思,就没有如今开放的腾讯。腾讯在危机中迸发的"反转力",是 3Q 大战的最大价值。

本书第四章,展示了腾讯公关在蜕变过程中的"开放力"。在走向真正强大的路上,腾讯公关做出了哪些有价值的改变?读者们将在这一章找到答案。

第五章和第六章,我们从一系列事件中,挖掘腾讯公关在新时代的特点——对内拥有扎实的"人才力",对外展现自然联动的"融合力"。

第七章从腾讯文化的形成、积累和发展特点说起,从马化腾个人风格的转变谈起,为企业公关的所有表象寻觅到了发展变化的根源——"文化力"。

腾讯有着根深蒂固的产品文化,这是和其他公司非常不同的。从产品文化出发,腾讯在成长过程中丰富了其他的文化特征,这些文化特征有的是阶段性的,有的是沉淀生成的,其包括封闭、自我反省、自负、开放、灰度、创新、对世界的爱等。企业公关的变化,不仅是技巧的更新,更是思想文化演变的一种表现。也可以说,深层文化的革新,影响了公关的发展。

腾讯公关的变化和发展,它遇到过的挫折和享受过的果实,以及是什么造就了现在的它……对于这些问题,本书不能说全都阐释清楚,但至少给了读者更多思考的角度,让读者在感受和体会腾讯公关一路成长的同时,也能思考它为什么来、向何方去。

第一章　生长力

第二章　进击力

第六章　**融合力**

第七章　**文化力**

后　记

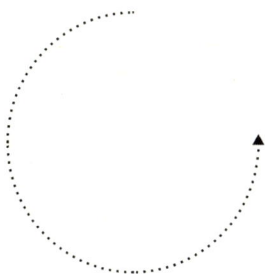

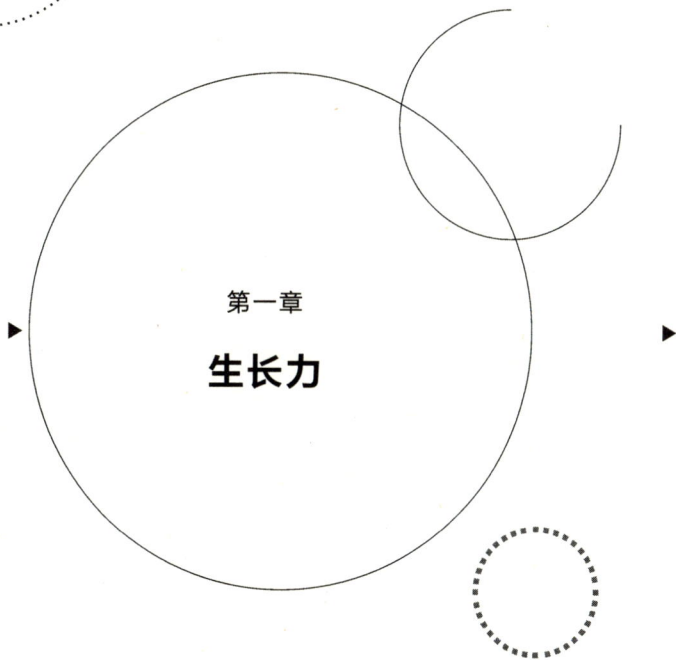

第一章

生长力

成长，是一次孤独的涅槃。幼年的生长力，决定了一个企业的未来。

在《理解人性》一书中，奥地利精神病学家阿尔弗雷德·阿德勒（Alfred Adler）提出："人类灵魂根源在于童年早期。这并不是什么重大发现，因为前人已经得出类似的结论。但这个发现的新颖之处在于，我们用无可辩驳的连续模型联系了童年期的经验、印象、态度和成年的行为。这也意味着，我们能够根据童年早期的经历和态度预测成人期的经历和态度。"

一个人童年的想法和经历会决定其成年后的生活态度，这表明了幼年时期对一个人成长的重要意义。企业的诞生和发展也是如此，早期显露出的性格特点，将成为一家企业的生长力，力量的强弱影响着企业的命运。而公关的气质、技巧和姿态，也有独特的生长力。

第一节　第一个品牌标识:QQ 企鹅

但凡提到"腾讯"二字,人们便会联想到那只可爱憨厚的企鹅,多年来,它几乎是每台电脑、每个移动终端都不可或缺的图标。这只不管春夏秋冬都戴着一条红色围巾的萌宠,实际上却是一只互联网商业巨鳄。腾讯,也因此获得了"企鹅帝国"的称谓。

多年后的今天,回望腾讯的品牌之路,第一眼看到的,就是这只企鹅。它的出现,代表着腾讯品牌和公关的萌芽。

1999 年金秋,OICQ 的标志初次以企鹅形象亮相。同年 10 月,首届中国国际高新技术成果交易会在深圳举办。为了参展,腾讯设计了企鹅形象的陶瓷储钱罐,作为虚拟产品的实际载体。在委托加工的过程中,为符合储钱罐的形状特征,制作厂商将腾讯提供的瘦版企鹅修改得更为珠圆玉润,使其成了一只胖企鹅。

会议期间,腾讯展台上摆放的 1000 只企鹅形象储钱罐吸引了众人的目光。参观者排起长龙,只为领取免费赠送的储钱罐。最终,因为数量有限、供不应求,腾讯临时决定由"送"改"卖",定价从 5 元/只涨到 10 元/只,储钱罐仍然被一抢而空。

原本只是为了弥补没有实体产品的缺憾,没想到却收获了意外的惊喜。企鹅的第一次登台亮相就备受瞩目,超越腾讯的预期。而其在展会上为腾讯赚到的钱不仅把参展的柜台租金给抵消了,还为企鹅形象的设计与修订开展了一次难得的市场调研与检验。

凡事都有凑巧的偶然,结果又如宿命的必然。这只大受欢迎的胖企鹅并非腾讯的最初设想,更是背离当时马化腾心中对 OICQ 的想象,但企鹅形象的由来与 OICQ 的诞生一样,有机缘巧合,有阴差阳错,本是轻描淡写,却成浓墨重彩。

企鹅亮相时,正值腾讯公司创立 1 周年左右,那时的马化腾和他的伙伴们还在为企业的生死存亡而奋力挣扎,没有核心的品牌意识,更别谈什么公关理念。这只戴着围巾的胖企鹅在这个金秋横空出世,这是腾讯的产品标识第一次与用户"面对面",也是腾讯形象的第一次公开展现。正是因为企鹅的出现,腾讯第一次有了品牌的烙印。

最初创业时,马化腾志在开发一款无线网络寻呼系统,把彼时方兴未艾的互联网与盛极一时的寻呼机联系起来,致力于通过该系统,让寻呼机能接收到来自互联网端的呼叫,并可以接收新闻和电子邮件等。

马化腾团队开发 OICQ,是一个偶然。1996 年,3 名以色列青年发明了一款互联网即时通信软件 ICQ,在业界引起了轰动,国内亦不乏效仿者。腾讯推出的 OICQ 也是其中之一,中文名叫中文网络寻呼机,后于 2000 年正式更名为 QQ。

1999 年 2 月,OICQ 正式在网上发布,很快以高校为中心迅速传播开来,但其不但无法产生任何盈利,还需要腾讯公司通过其他项目赚钱养活。

OICQ 最初的图标是一只寻呼机,源于马化腾创业初始志在开发无线网络寻呼系统的梦想与情结。在腾讯技术团队为 OICQ 进行第三次版本升级之时,腾讯内部就是否改图标、改成什么图标发生了争论。

彼时的腾讯正处于成立 1 周年之际,但发展却举步维艰,OICQ 因大量下载和暴增的用户不堪重负,资金出现了严重的缺口。腾讯内部因图标的选定争执不下,马化腾做出决定,将寻呼机和企鹅两个图标挂到网上去,由用户投票选定。

在第一轮的投票中,黑白写实的企鹅图标并未获得用户的青睐,得票数远远落后于寻呼机图标。但在后续投票中,有趣的动态企鹅图片逆势而上,博得了大家的好感。自此,这只企鹅打败了寻呼机,成为用户认可的 OICQ 图标。

企鹅形象的诞生,初看只是腾讯的一次无意识的行为,但却已能从中浅浅地感受到腾讯对用户的关注与情感,窥见腾讯“以人为本”公关理念的雏形。往后多年,互联网产业在中国开始腾飞,但却很少有企业像腾讯这样,大胆地将品牌标识的决定权交予用户。从一开始,腾讯公关就和用户密切联系在了一起。

正因为尊重了用户的意见,企鹅形象才会一露面就大受欢迎。用户对企鹅存钱罐的热情反应,刺激腾讯公司继续跟进。但初创时期的腾讯,并没有完全意识到企鹅形象对品牌公关的重要性,他们看到的更多是商业价值。直接地说,就是如何用企鹅赚到更多的钱。

带着这样的想法,腾讯趁热打铁,投入资金打造 QQ 卡通形象,邀请了广州东利行公司对企鹅形象进行设计加工,期望通过销售企鹅形象的周边产品获利。

通过分析 QQ 的产品特征、腾讯的品牌定位及用户的喜好等因素,东利行最终将企鹅定为圆乎乎的身体,"睁一只眼、闭一只眼"的可爱表情,再配上一条标志性的红围巾,传递出温暖的感觉。随后,粉色围巾的 Q 妹、多多、汉良等一一出炉,组建了一个企鹅卡通家族,这些设计也无一例外地获得了腾讯和 QQ 用户的一致好评和喜爱。

2000 年 6 月,东利行同腾讯签署了 QQ 动漫合作协议,陆续制作QQ FLASH 动画、QQ MTV、QQ 影视等,并发布在网络上。这种生动的讲述方式,使得企鹅的卡通形象更加深入人心。

2000 年 12 月,东利行获得了腾讯 QQ 卡通形象中国区独家授权。紧接着,东利行开发出企鹅公仔系列的卡通实物,以及腾讯企鹅品牌的服装、玩具和手表等衍生商品。2001 年 10 月,广州出现了第一家"Q-GEN"专卖店,此后 3 年,全国出现了近 200 家"Q-GEN"品牌专卖店。

QQ 卡通衍生品品类众多,样式可爱,最初几年在市场上引起了一阵企鹅旋风,一众 Q 迷争相购买。而腾讯在传播了品牌形象的同时,还可以从东利行的销售收入中收取 10％的授权费。

不论是从形象宣传还是商业角度来看,这都是一笔巧妙的生意。虽然企鹅最终并未成为中国的米奇，马化腾也并未因此赚得盆满钵满，但其品牌公关宣传的价值远远超过了商业价值。可以说，这是腾讯公关拥有的第一笔财富。

第二节　企鹅之变

互联网产品需要不断地更新迭代,这和品牌形象的特质有所不同。在品牌形象的打造中,频繁变化是一大忌讳。一次形象的改变,就意味着用户要重新认识品牌,这会带来不小的认知成本,极可能造成用户流失。

品牌标识,是指品牌中可以被认出、易于记忆但不能用言语称谓的部分,包括符号、图案或明显的色彩或字体。一个品牌的标识代表了一个企业的文化内涵,象征着一个企业的品牌战略,讲述着一个品牌背后的故事,也牵引着该品牌所对应的目标客户群。标识对于一个品牌的重要性不言而喻,它不仅仅代表产品本身,也蕴藏着企业文化和精神。

文化精神的属性,决定了品牌标识需要追求稳定性,而非多变性。

经典的标志总是能在岁月中历久弥新,仿佛就像种子一样扎根到每一个人心中。就如同人们看到三叉星标志就会联想到汽车品牌奔驰,感知它征服海、陆、空的欲望;看到红心标志就会联想到时尚品牌川久保玲,品味那份可爱无敌的青春气息;看到三道杠的斜线标志就会联想到运动品牌阿迪达斯,体会它迈过重重挑战、实现理想的决心和毅力。

对于品牌形象的统一性和稳定性,腾讯也深谙其中的道理。但擅长做产品的腾讯更清楚,只有足够好的产品才能俘获用户的心,也只有足够好的品牌标识才能成为经典。2005 年,腾讯用极低的成本更换了企业品牌标识,这次改变有一定的冒险性,但却是必须为之。

自 2004 年开始,腾讯的业务领域逐步加速拓展,从单一的即时通信向多领域、多品牌发展。腾讯本就是一家主攻产品的企业,各个产品的发展势头都非常迅猛,但品牌建设却远远落后于产品开发。

各个产品的技术负责团队不同,导致了产品形式分散、服务内容不同、风格各异等问题。而腾讯最初并未有统一的、核心的品牌意识,各个产品团队为了凸显自身产品的特性和吸引固定用户群,都独立设计出产品所需的标识,导致腾讯旗下品牌不够统一。

品牌建设缺乏整体性、一致性,反而呈现出零碎、散乱、分化的特征,成为腾讯品牌发展的瓶颈之一。在诸多的产品标识中,QQ 企鹅的形象传播范围最广,代表性也最强。在众多用户心中,企鹅和腾讯公司几乎是相等的。然而,腾讯自身并不这样认为。

在 QQ 还被称为 OICQ 的时候,腾讯团队以高校为中心推广该产品,还在高校 BBS 论坛上积极进行宣传,那时的目标客户群是以学生为主体的"三低"群体,即低年龄、低学历、低收入人群,年龄基本介于16~22岁。

腾讯早期也正是针对该核心目标客户群的兴趣喜好,并采用用户投票的方式,投其所好地设计出了第一个经典的品牌标识——企鹅。为了满足这部分核心用户的喜好,腾讯在产品设计的细节和品牌标识的风格上,都呈现出青春活泼却偏幼稚的特色。

客观地说,那时的腾讯虽没有成形的公关理念和品牌意识,但却重视个性表达以及与用户的情感连接,竭尽全力地打造品牌在用户心目中的温度感。企鹅形象的打造,为腾讯培养了一批忠实用户,还大大提升了品牌的知名度和影响力。

幸运的是,企鹅形象的传播为腾讯博得了用户好感;不幸的是,腾讯公司受到企鹅形象的影响,被认为是一家面向低年龄、低学历、低收入人群的公司。正所谓,成也萧何,败也萧何。

腾讯逐步意识到,早期围绕"三低"群体而开展的品牌建设和形象塑造,不仅局限了其产品的发展和前景,还为企业形象套上了"三低"的"紧箍咒"。于是,腾讯决定在"三低"形象固化之前做出改变。

亡羊补牢,为时未晚。在厘清问题后,腾讯开始重视品牌建设工作。一方面,誓要走出"三低"之殇,撕掉既有标签;另一方面,志在通过整合旗下各个领域的产品形态和风格,强化整体性和协调性,打造统一的品牌形象。

清代文人戴延年在其作品《秋灯丛话·忠勇祠联》中写道:"推陈出新,饶有别致。"意为在旧的基础上创造新的,有别具一格的意味。2005年12月31日,腾讯网启用全新的品牌标识。最初经典的QQ企鹅图标,改为由红、黄、绿三色轨迹线环绕的小企鹅,中文标识"腾讯网"和英文标识"qq.com"则在外观上做了一些改变。

从视觉上来看,这仍是一只企鹅,但和之前的企鹅又有所不同。企鹅还在,但卡通特征被完全淡化,其传递的理念也发生了变化。

腾讯对新标识进行了官方解释——

第一,由红、黄、绿三色轨迹线环绕的小企鹅,代表了腾讯网以客户价值和需求为核心的品牌内涵;

第二,腾讯的新标识——球形标识,以 QQ 为中心向外扩展,象征腾讯以即时通信为核心,以客户需求和互联网应用为导向,业务范围和运营领域不断向多元化拓展;

第三,围绕着球体发散的彩色轨迹线,象征腾讯网以用户价值为核心不断向外发展,不断满足人们在线生活的各种需求。

此外,环绕 QQ 企鹅的红、黄、绿三色轨迹线,代表了腾讯网在蓝色的科技基础上,将为民众提供三个创新的层面:红色,代表腾讯倡导年轻而有活力的生活,并致力于为用户提供这种生活;黄色,代表腾讯将为用户提供温暖可亲的互联网服务;绿色,代表腾讯将在未来为用户提供富有生命力的产品。

此前,腾讯各个产品有各自的品牌形象,但公司整体形象没有统一。此次调整之后,新图案成了腾讯的统一标识。如今,在腾讯深圳总部大楼的顶部,就有一个清晰的红、黄、绿三色标识。

有了新标识之后,腾讯得以跳出那个戴着红色围巾的黑企鹅的可爱、呆萌形象,变成一家代表着专业的综合类互联网公司。尽管 QQ 仍然是那只熟悉的企鹅，但腾讯已经不再只是QQ。

品牌换标本应是一件大事，但腾讯仅在发布前一天举办了"启用全新品牌标识答记者问"，活动非常简单，内容也只是解释了新标识的含义，提出以互联网服务改善人类生活的大命题。这样的大命题，在当时只属于腾讯自己，而非他人所能理解。

马化腾也仅在贴着新标识的网站上发了一则简短的换标致辞，宣布："腾讯已经成为一个集即时通信、新闻门户、在线游戏、互动娱乐等于一体的综合性互联网公司，以往的腾讯网标识已经不足以体现腾讯网现有的产业布局和经营模式。"

对于外界来说，这在意料之外。但不得不说，这样的做法非常腾讯。

更换标识后，为进一步提升品牌形象，马化腾又提出了"大回响，大影响"的品牌战略。2007年4月，在北京、上海等中国最发达的商业城市，出现了新的腾讯广告牌。这一次的广告更是借用狮子、鹰等大型肉食动物的形象，向外界传递腾讯在逐渐壮大、誓要变强的理念，改变外界对腾讯呆萌企鹅的印象。这是一次彻底的形象颠覆。据称，此次腾讯的广告投入超过了1000万元，是公司成立以来最大的一笔宣传投入。

西汉学者扬雄在《太玄·玄摛》中写道："因而循之，与道神之，革而化之，与时宜之。故因而能革，天道乃得；革而能因，天道乃驯。"腾讯旗下各产品的快速发展引发了品牌建设与产品发展不协调的矛盾，但也助推了企业对品牌建设的重视。

第三节　公益试水

腾讯初创之时,中国仍然以实体经济为主,市场中的明星企业多是做实体的。这就意味着,像腾讯这样的小公司得不到媒体的关注,它的一举一动不在媒体的视野内。另一方面,博取媒体关注,也并不是腾讯的长项。

不过,缺少媒体的关注,并不代表腾讯在早期没有任何公关行为。只要仔细梳理腾讯早期的公关活动,不难发现,它们大多以自发的公益慈善为主。对于那时的腾讯来说,公益慈善行为是自发而为之的,并没有清晰的公关目的。没想到,这些行为却为腾讯公关加分不少。

成立慈善基金会

2006 年的腾讯,刚刚完成了第二次组织架构调整,开始策划成立腾讯慈善基金会。2006 年 9 月,腾讯开始了基金会的前期筹备工作。经过大半年时间的准备,腾讯慈善基金会于 2007 年 6 月正式成立。

基金会成立初始,腾讯公司捐赠原始基金 2000 万元。2007 年 9 月,腾讯公司追加捐赠 1200 万元,同时,马化腾将其获深圳市长奖的 100 万元奖金捐赠给腾讯公益慈善基金会。2008 年,腾讯公司及员工共计向该基金会捐赠 3300 余万元。腾讯公司还承诺后续每年会将利润的一定比例捐赠给该基金会。①

2008 年,腾讯发布的《腾讯企业公民暨社会责任报告》讲述了腾讯公益慈善基金会"一个平台、两个互动、三大方向"的公益战略。

具体来讲,"一个平台、两个互动"是指利用腾讯公益网为基础的网络公益平台,让慈善组织与网民互动,让热心公益的组织和个人与需要帮助的人互动。而"三个方向"分别是帮助、参与与辐射。帮助,顾名思义是帮助需要帮助的人。而参与与辐射可以说是腾讯公益战略的核心要义所在。

腾讯对此这样定义:

帮助——帮助需要帮助的人。通过切实投身到公益活动和公益项目中,帮助更多真正需要帮助的人。

参与——提供简单、便捷的通道让网友参与公益。依托腾讯公司的核心优势,通过互联网提供便捷、透明、简单、多样的参与方式,

---

① 数据来源于腾讯公益网,基金会简介 http://gongyi.qq.com/a/20090106/000001.htm。

让网友和普通民众体验公益、参与公益、监督公益。

辐射——向更多人传递公益理念和爱心。依靠腾讯强大的媒体影响力和多元化平台传递公益信念和爱心，塑造良好的社会公益氛围，推动更多的组织和个人投身公益。

所谓"独乐乐不如众乐乐""大家好才是真的好"，腾讯的公益理念亦是如此。

作为一家互联网企业，腾讯固然可以通过资金、人力的投入广施善行，但这还远远不够。腾讯以其先进的科技产品和技术为平台，呼吁亿万网友通过互联网开展公益，推动"人人可公益"的生态建设。而腾讯慈善基金会，作为中国第一家由互联网企业发起的公益基金会，在中国互联网的发展史上，其本身所具备的象征意义非同一般。

如今，互联网已经成为人们生活中一个不可或缺的虚拟空间，深刻嵌入社会生活的方方面面。互联网与整个社会的关系越来越紧密，互联网公益的社会价值也越来越凸显，"互联网＋公益"在公益界已经成为一个常态，可以说，互联网为公益模式带来了一场历史性的革命。

而这场革命最初的星星之火，也有腾讯慈善基金会的思考与努力。从某种程度上来讲，腾讯作为人人可公益的创始者，从基金会成立之初就开始探索一条极具腾讯特色、推动互联网与公益慈善事业深度融合与发展的公益之路。

此后，腾讯的公益活动都带有明显的行业和公司特点。凭借腾讯产品特有的覆盖面广、互动性强的优势，腾讯将互联网与公益结合起来，这亦是后来腾讯号召人人参与的公益 2.0 的发源和雏形。正如腾讯公益慈善基金会发起人陈一丹所言："利用互联网的传播优势,使全社会都来关心和参与公益事业,大家关爱大家,大家帮助大家。"

慈善事业,是细水长流,亦是润物细无声。如果没有涓涓细流,就无法汇聚成大江大河,滋润广袤的土地。一家企业慈善亲切的形象,不可能是一天就形成的,腾讯早期围绕公益进行的公关活动,对其之后建立品牌形象做了较好的铺垫。

教育公益

在"致力公益慈善事业,关爱青少年成长,倡导企业公民责任,推动社会和谐进步"宗旨的引领下,腾讯基金会与国内其他慈善组织合作,积极发动网民的力量,在教育、扶贫、紧急救灾等多个领域有所建树。

授之以鱼,不如授之以渔。腾讯将教育公益放在首要位置,与中国青少年发展基金会、中国儿童少年基金会等公益组织合作,在教育发展项目上硕果累累。

腾讯利用基金会的平台,为教育事业捐赠近千万元,在贫困地区援建了近 30 所希望(春蕾)小学,捐赠 246 万元进行图书馆、网络等配套基础设施建设,改善贫困地区的办学条件;启动了对西部乡村教师的培训项目,提高西部贫困地区的教育质量;开设了腾讯奖学金项目,设立百万元奖学金,并在全国高校启动腾讯科技卓越奖学金。

《腾讯企业公民暨社会责任报告》中也摘录了腾讯早期在教育领域的公益事业:

2007 年 5 月,向中国儿童少年基金会捐赠 100 万元,用于在广东、贵州建立 5 所春蕾小学;

2007 年 11 月,向湖南省青少年发展基金会捐赠 25 万元,用于 1 所希望小学建设;

2007 年 12 月,向中国儿童少年基金会捐赠 20 万元,用于 1 所春蕾小学建设;

2007 年 12 月,向深圳中学捐赠资金 20 万元,用于实施高中课改与数字化校园背景项目;

2008 年 1 月,向湖南省青少年发展基金会捐赠 125 万元,用于雪灾后贵州、湖南 5 所学校重建;

2008 年 3 月,向真爱梦想教育基金捐赠 6 万元,用于 2 所梦想中心的电脑、网络建设;

2008 年 4 月,向中国儿童少年基金会捐赠 120 万元,用于 6 所春蕾小学建设;

2008 年 5 月,向贵州文化薪火乡村发展基金会捐赠 25 万元,用于江西革命老区 1 所小学建设;

2008 年 5 月,向中国儿童少年基金会捐赠 440 万元,用于地震灾区学校重建;

2008 年 6 月,向湖南省青少年发展基金会捐赠 50 万元,用于 2 所希望小学建设;

2008 年 7 月,向互联网协会捐赠 20 万元,用于 2 所学校的网络教室建设;

18

2008年9月，向湖南省青少年发展基金会捐赠200万元，用于建设24所文体中心。

2008年10月，向广东省青少年发展基金会捐赠75万元，用于3所希望小学建设；

2008年10月，向中国扶贫基金会捐赠100万元，用于全国建设25所阳光操场。

除教育领域外，腾讯还对乡村公益项目进行了大量投入。

2009年6月，腾讯公益慈善基金会宣布投入超过5000万元，在云贵地区启动了一项名为"腾讯新乡村行动"的公益计划，致力于在西部贫困地区促进教育发展和经济增长，并打造文化和环境和谐共生的模式。

在提出"腾讯新乡村行动"计划时，腾讯已在互联网企业的竞争中脱颖而出，而腾讯公益慈善基金会也创建并开展了一系列以教育领域为主的公益项目。腾讯对如何开展公益有自己的探索，也有自己的认识，对网络资源及其在亿万网民中的影响力有一定的把握，在互联网企业开展公益方面有自身的优势。

正如陈一丹所说，"'腾讯新乡村行动'是腾讯公益慈善基金会在3年多公益探索和实践的基础上的'公益升级行动'"。在这次升级行动中，腾讯旨在通过长期、持续的投入，尝试集中投入帮扶，也借此开启了与地方政府合作的新模式。

在该计划的引领下，腾讯在云贵地区的基础教育领域、环境保护领域、乡土旅游和乡土文化领域及经济发展领域开展了一系列公益项目。

腾讯此举无疑赢得了地方政府的欢迎和支持。

腾讯通过这一系列"赠人玫瑰"的公益活动也"手留余香"。虽从更严格的意义上来讲,这也不能完全归功于腾讯的公关理念和行为,但腾讯确实是通过实际行动为自己赢得了好口碑,为品牌形象的塑造打下了良好的基础。

救灾公益

2008 年 5 月 12 日,四川汶川发生了大地震,举国皆哀。在灾难面前,腾讯积极加入了抗震救灾的行列,结合企业特色,发挥所长,贡献了自身力量。

马化腾在《腾讯企业公民暨社会责任报告》发布会现场这样回忆:

汶川大地震发生的时候,作为互联网企业,我们拥有一个实时沟通的即时通信平台,我们的在线监控系统里面可以直接看到,5·12汶川大地震那一瞬间,在线用户数从几千万一下子跌下来,根据 IP 判断,掉线的就是灾区的用户。

这不像以往线路故障或者晚上下线,我们看到用户骤然消失了。我们心里也很清楚,这些用户或许再也上不了线了,他们就是消失了,这给我们的震动是非常大的。全体腾讯人不需要什么鼓舞、教育,都自发地加班加点,主动去想自己能为社会做些什么。

马化腾的这一描述震撼人心,让网民们第一次从互联网的视角感受到灾难带来的剧烈冲击。地震发生后,腾讯迅速行动起来,集中所有资源,利用网络影响力和互动优势,携手亿万网民开展了立体的 Web2.0 式救灾活动。

其一,5 月 12 日晚,腾讯网停掉网站首页、新闻频道首页、新闻正文页等重要位置的商业广告,将之全部用于地震报道和赈灾捐款的倡议,并且推迟了腾讯旗下所有新游戏的公测。腾讯的 QQ 系统消息、对话框滚动消息、QQ 空间、QQ 会员、手机 QQ、腾讯网站首页等所有腾讯平台滚动播出地震时事新闻。

其二,腾讯利用庞大的用户群基础,发布寻人启事,解受灾群众及其亲朋的燃眉之急。

其三,腾讯策划并实施了一系列在线捐赠推广活动,加班加点开发了在线捐助平台。利用 QQ 及腾讯网的影响力,以及腾讯旗下的公益网、在线支付平台,在网上进行网友捐款募集活动。

此外,腾讯还推出了 QQ 祈福版,亿万网民为汶川地震的受灾群众祈福,无数条安慰、鼓励的留言通过 QQ 传播,塑造了腾讯上下一心、联动网民为救灾出力的企业形象。

据腾讯公益慈善基金数据显示,截至 5 月 20 日 14 时 35 分,网友赈灾捐助突破 2000 万元(截至 5 月底突破 2300 万元),其中有 30 多万网友通过在线捐赠平台向灾区献爱心。加上腾讯公司和全体员工直接捐助的 2000 万元,腾讯为灾区直接捐款、筹款合计超过了 4000 万元,在当时创下了中国互联网公司慈善历史上网友在线捐助的最高纪录。

震后，腾讯成为第一家到四川投资的公司，以实际行动支持四川的灾后重建事业。2008年5月22日，腾讯同成都市政府签署了一份总额为5.5亿元的合作协议。根据协议内容，腾讯将在成都建设研究中心、信息处理中心和客服中心。2009年4月，研究中心第一期工程建成并投入使用。

在灾难面前，腾讯承担了企业的社会责任。在灾难中，腾讯没有故意策划，更没有夸张作秀，它恰到好处地传递了爱心，安抚了人们受伤的心灵。其中的真诚和坦然，让人感动。而打造立体抗灾平台这一模式，腾讯沿用至今，在各种灾难面前，腾讯未曾缺席。

发布《腾讯企业公民暨社会责任报告》

奥地利心理学家维克多·弗兰克（Viktor Emil Frankl）曾说过："每个人都被生命询问，而他只有用自己的生命才能回答此问题，只有以'负责'来答复生命。因此，'能够负责'是人类存在最重要的本质。"

人如此，企业也如此。

美国前总统奥巴马也在其就职演讲中强调："这是个要负责任的新时代，这个时代不能逃避责任，而要拥抱责任。"

时代号召责任，企业也应拥抱责任。

西方国家最早提出"企业社会责任"这一概念，认为企业在营利的同时，还要承担相应的社会责任，包括对人的价值的关注，对环境、消费者及社会的贡献。这符合社会整体对企业的合理期望，是企业提高竞争力和声誉、实现可持续发展的重要途径之一。

如今,这一思想也被广泛接受,《财富》和《福布斯》等商业杂志在企业排名评比时都加上了"社会责任"的项目,而各企业也竞相为自己贴上"积极承担社会责任"这一标签。

腾讯公司也逐渐意识到社会责任的重要性。马化腾曾明确表示:"希望腾讯能够成为一家'受尊敬的公司',在公益事业和社会责任上有所践行。"

2008 年,腾讯成立 10 周年,此时的腾讯已经从最初致力于单一的即时通信领域扩展为一家集多领域、多品牌于一体的综合互联网企业,并逐渐认识到企业持续发展需要得到社会的认同。

这年 11 月 11 日,腾讯选择以发布《腾讯企业公民暨社会责任报告》的形式来庆祝自己的 10 周岁生日。该报告是对腾讯走过的 10 年历程的总结,记录了腾讯在这 10 年间为社会、行业和用户所履行的社会责任。

马化腾在发布会现场做主题发言,向到场的各界媒体朋友致谢,阐述了腾讯发布企业社会责任报告的原因,介绍了腾讯慈善基金会的成立、腾讯在汶川地震抗灾行动中的表现,也谈到了对企业社会责任的认识:

随着腾讯实力越来越强大,我们也感觉到能力越大,身上担子越重,责任也越大。我们感觉到腾讯不是一个孤立存在的企业,它和非常多的合作伙伴、企业、社会、政府、用户息息相关。我们越来越感受到企业社会责任不仅仅是为股东负责,或者为投资人、员工负责,更重要的是要为我们的用户、社会承担起重要的责任。

这份报告彰显了腾讯在当时中国互联网企业界中公关意识的凸显。社会评论称,该报告的出炉标志着中国互联网公司正从商业成熟逐渐走向管理成熟。

《腾讯企业公司暨社会责任报告》分为社会价值篇、公益篇、用户篇、员工篇和股东及合作伙伴篇五个部分,并将腾讯的社会责任概括为用户、企业经营和社会三个维度,分别指腾讯将继续为用户创造价值、一如既往遵纪守法以及关注公益事业、回报社会。

在社会价值篇中,腾讯明确提出追求经济效益和社会效益一体化的企业观。

10年间,腾讯获得并奉行了一个非常宝贵的可持续发展秘诀——绝不追求单向经济效益最大化,而是以用户价值与社会价值最大化协调统一发展为方向,从而实现和谐发展,求得一个企业所应该产生的经济效益和社会效益。

在公益篇中,腾讯也表达了做受人尊敬、有责任心的企业公民一直是腾讯人的目标。

企业越大,责任越大,这是腾讯逐步成长为中国最大的互联网企业时最深刻的感受。为此,腾讯公司在发展自身业务的同时一直致力于回报社会,热心公益事业,以实际行动回报社会各界的关心和支持。

正如美国第 28 任总统伍德罗·威尔逊（Thomas Woodrow Wilson）所说："责任感与机遇成正比。"古语云："十年磨一剑。"站在 10 年的节点上，马化腾及其团队不仅意识到企业责任的重要性，也开始探索如何将公关与企业发展更好地结合，逐渐形成了初期的公关理念。

企业 10 周年庆典，原本是一次有意设计的公关活动。而提出"打造具有社会责任感的互联网企业"的理想，则是对活动精神的升华。比起大张旗鼓地举行庆典，这样颇具意义的公关活动更能彰显企业态度。

第四节 基因初现

中国自古有一句俗语称："3 岁看老。"意思是,透过一个 3 岁儿童的行为举止便可以感受到这孩子将来会是一个什么样的人。腾讯在发展早期,也形成了自身的原始精神基因。这些基因共同作用,引导腾讯的未来发展,也影响了腾讯的诸多行为。其中,公关行为也受到了极大的影响。

用产品对话

江湖上流传着这样一句话——互联网界的 BAT 各具特色:百度以技术为导向,阿里巴巴以商业和运营为导向,而腾讯则以产品为导向。腾讯,一直是产品人的天下。

产品经理马化腾喜欢问自己三个问题:这个新的领域你是不是擅长?如果你不做,用户会损失什么吗?如果做了,在这个新的项目中自己能保持多大的竞争优势？他用这三个问题来决定自己的判断,然后用义无反顾的推进来验证它。

低调、内敛的马化腾给人的感觉总是奶气十足的文弱书生,执着与细致,宽怀且和气,很难让人把他与雷厉风行等形象联系到一起,至于鏖战江湖、快意恩仇,这看起来与马化腾简直毫无关联。但事实上,马化腾骨子里却藏着一个一言不合就拔枪的西部牛仔,他清楚在适当的时候一定要出台相应的策略,不管其是否会被人接受。

公关的一大要务就是交流,而交流需要语言。有的人语言活泼,有的人语言严谨,虽然风格各异,但只要不影响交流就无伤大雅。一个人的语言习惯是天生的,也可以在后天改进。

腾讯天生的公关语言,正是产品。一旦说起产品,腾讯可以滔滔不绝地和用户交谈,还会想尽办法让用户理解自己的意思。如果用户需要温柔,腾讯就可以温柔;如果用户需要简单,腾讯就可以简单;如果用户不需要,腾讯就闭口不谈。这样的状态,称得上完美无缺。

为了做好一款产品,腾讯愿意和用户进行无数次交流,虚心听取用户意见,交出让用户满意的作品。在这一过程中,腾讯有许多交流技巧,可以让用户畅所欲言,表达对产品的感受。如此,腾讯每款产品在问世前都和用户进行了充足的沟通,上线后腾讯更是随时观测、随时交流,这样的做法使得腾讯产品成为用户心中的首选。用户在体验时会感觉到:"嗯,这款产品正是我内心所想的模样。"殊不知,他们早已把内心所想"透露"给了腾讯。

为了和用户更好地交流,捕捉到用户的真实想法,腾讯工程师们都会用"小白"用户心态去思考问题。在接受《哈佛商业评论》的一次访谈时，马化腾说道："平时我花大量时间使用我们的产品，从一个产品经理的角度把握产品走向和用户体验，找出不足，迭代完善。我自己一直坚持这么做，身体力行感染和带动他人。这是一条孤独之路，但用最笨的方法往往才能最快地跑完全程。要像'小白'用户那样思考，并每天高频使用产品，不断发现不足，一天发现一个、解决一个，就会引发口碑效应。要抹掉身份去用户那里潜水，听取不同的声音和反馈。在腾讯，有一个'10/100/1000 法则'——产品经理每个月必须做 10 个用户调查，关注100 个用户博客，收集、反馈 1000 个用户体验。这个方法看似很朴素，但行之极难。"

在产品领域，腾讯的"10/100/1000 法则"无人不知，但真正能够践行的，少之又少。这是腾讯与用户对话的独家法则、独门语言，外人想学也学不会。

用产品对话，让腾讯战无不胜。

然而，一个人的优点往往也是他的缺点。在谈到产品的时候，腾讯能够和用户相谈甚欢；但一旦脱离产品话题，腾讯就容易跟不上节奏了。当用户想聊感情时，腾讯讲的是产品；当用户想聊情怀时，腾讯讲的是产品；当用户发牢骚时，腾讯还是用产品语言去对话；甚至在用户生气时，腾讯依然用产品说话，让人不免觉得有些冰冷。

产品语言再美、再流畅，也是专业的、机械的、缺少情感的。这样的弊端，让腾讯在日后受了不少苦，也做出了艰难的自我过渡和改变。

低调谨慎

邮件,是互联网时代常用的一种信息传输载体。在腾讯的发展历程中,邮件发挥了不可磨灭的重要作用。腾讯人都有发邮件的习惯,上下级的沟通用邮件,同事间的交流用邮件,公司内部的通知用邮件,与用户的对话用邮件,对媒体的通告也用邮件。邮件,已经成为腾讯日常工作中一个必不可少的工具,也在腾讯的每一个重大转折点扮演着不可或缺的角色。

在公关活动中,腾讯也常用邮件的方式与媒体交流。在 QQ 收费事件、3Q 大战事件、QQ 音乐风波等公关危机中,腾讯无一例外地启用了邮件作为与外界沟通的工具。在腾讯公关部的内部手册中,专门记录了与媒体进行邮件沟通的方法。

比如:邮件主题一定要清楚,让媒体收到后可一眼明了核心信息;邮件正文要逻辑清晰,语言简洁,避免大段文字;邮件必须带有附件时,最好把附件内容同时粘贴到正文内;媒体往来邮件一定要使用公司正式签名文档;发送前一定再次检查核对有无错误;给媒体群发邮件时,一定要选择密送方式;不要将公司内部邮件直接转发给记者;收到媒体邮件一定要及时答复。

诸多注意事项让人读后感叹,腾讯连发邮件走的都是专业路线。那么,若要探究腾讯公关,不妨从邮件中找一找答案。

马化腾自诩为"一个不善言辞的人",但却擅长利用邮件表达态度、抒发观点,因此又被称为"邮件狂人"。

财经作家吴晓波在创作《腾讯传》时,曾采访了大量腾讯人,并得到这样的数据与事实：马化腾与主持 QQ 空间开发团队的邮件往来超过 2000 份；与主刀 QQ 邮箱改版的团队邮件往来超过 1300 份；某位程序员做了一个 PPT，深夜 2:00 发给马化腾，马化腾竟然在 20 多分钟后发回了修改建议。

而马化腾对邮件的狂热程度，也影响了腾讯其他高层甚至是每一个腾讯人。

网络上有一个广为流传的段子：一天早上来到公司，发现 Pony（马化腾）凌晨 4:30 发的邮件，总裁很快回了，副总裁 10:30 回，几个总经理 12:00 回复了讨论结论，到下午 15:00 技术方案已经有了，晚上 22:00 产品经理发出了该项目的详细排期，总共用时 18 个小时。

从这个细节不难看出，马化腾的"邮件驱动"在腾讯公司贯彻得十分到位。既然是全公司的统一习惯，那么习惯久了就会产生气质，而气质就会影响公司的做事风格。那么，习惯邮件的气质是什么呢？

第一，使用邮件是一种严谨低调的风格。相较于口头表达而言，文字是一种更加低调、含蓄的方式。喜欢用文字表达的人，往往比较内敛，做事专注，而不张狂。如此低调的气质，正是腾讯所具备的，也影响了腾讯在公关工作中的态度。有人说，腾讯高傲冷漠，但却不知，它是因为低调严谨、讲求事实才选择了惜字如金。

第二，使用邮件是对细节的追求。据称，马化腾对页面的字体、字节、大小、色彩等都非常敏感，连邮件的字距问题都能注意到。马化腾的细致与严格，渗透到腾讯发展的方方面面，也成就了腾讯独有的邮件文化。

但马化腾的邮件，也曾让腾讯陷入一次风波之中。2006 年 4 月 1

日,网上一标题为"腾讯大幅降薪裁员"的帖子迅速引发关注,帖子内容称,员工收到马化腾的邮件,得知公司的薪酬改革方案后非常不满和失望。

此时的腾讯已经是新闻媒体关注的焦点,又由于该邮件是马化腾亲自发布的涉及腾讯内部人事的邮件,引发了外界对腾讯业务根基及财务状况的猜测,更是激发了大众的猎奇心理。"降薪风波"愈演愈烈,最终马化腾不得不于2006年4月24日正式在新浪发表声明,表示公司近期的薪酬改革并非传言中的"裁员"。

这起"降薪风波"暴露了腾讯邮件沟通时缺乏情感的弊端。在某些时候,从公关的角度考量,在没有经过前期铺垫的情况下,若措辞不当或用力过猛,用邮件的方式突然向外界公布某项决定,容易给人造成"单方面通知""强势""一板一眼"的印象。另外,"降薪风波"也让腾讯体会到了缺乏与媒体即时沟通交流的尴尬。

公关工作和邮件一样,需要细心。但邮件也有不足之处,比如过于追求事实的表达、不够灵活变通等。另外,邮件的写法有许多种,事无巨细固然有好处,但如果细节太多,掩盖了重点,反而容易造成事倍功半的效果。

懂得妥协

在公关事务中,常常要做的就是妥协。许多公共危机事件,往往分不清谁对谁错,就算分得清,舆论的声音也多种多样。如果没有人做出妥协,双方就会僵持不下,导致严重的后果。在处理公共危机事件时,何时妥协？如何妥协？怎样妥协？妥协是一门需要仔细斟酌的学问，更是一门沟通的艺术。

腾讯对产品的专注、对细节的要求非常执着，但这并不代表腾讯是一家钻牛角尖的公司。作为产品大师，腾讯比其他企业更清楚迭代变化、融会贯通的重要性。也就是说，相对于顽固执着，腾讯也懂得妥协，而且这在早期就已显现出来。

1988年，马化腾创建腾讯，原本是想做寻呼机业务。机缘巧合下，他选择开发OICQ。在OICQ的发展中，马化腾看到了未来的希望，果断将其作为重点产品。许多经营管理大师都说过，一个企业要学会专注，学会做减法，把一个产品做好，脚踏实地才会成功。

然而，在初创时期，腾讯没有这样做。在OICQ还未赢利时，马化腾带领的小团队几乎啥业务都接，做网页、做系统集成、做程序设计……作为一名产品人，谁不希望能够专注地开发运营一款产品？但是，作为企业经营者，只为了纯粹的理想而奋斗，往往会半路死亡。在生存和理想之间，经营者必须学会妥协。

2000年，在与移动梦网合作前，腾讯正处在生死边缘，QQ的研发险些难以为继。迫于经营压力，腾讯和移动梦网展开合作。这一决定使腾讯真正获得了盈利，并能够活得更久。当时尚未产生收入的QQ需要更多的资金去"养育"，移动梦网就是孕育QQ的资金池，这是对活下来的妥协。

妥协换来的结果是有利的。到2001年年底，腾讯实现了1022万元纯利润。2002年和2003年，腾讯一方面推出QQ行、QQ秀等新业务，一方面推出短信服务、铃声服务、交友业务、网络游戏等。2003 年,腾讯的纯利润达到了 3.38 亿元,而这些利润主要来自移动和电信增值服务。由此,腾讯才得以存活。

为解决温饱而妥协,这不是屈辱,而是一种本能的反应。腾讯得以成长,靠的是许多类似的妥协。一个企业从创建、立足到发展、壮大,必然要做出大量的妥协。马化腾在其所敬重的前辈任正非所提出的"灰度"[①]概念的基础上,系统地提出了"灰度法则的七个维度"。

通过总结互联网公司的特点,结合腾讯成长的过程以及自己的感悟,马化腾从七个角度对"灰度"这一概念进行了新的诠释,即需求度、速度、灵活度、冗余度、开放协作度、进化度及创新度。

比如,在关于冗余度的描述中,马化腾就指出,要"容忍失败,允许适度浪费,鼓励内部竞争、内部试错,不尝试失败就没有成功"。腾讯在以往的发展历程中,尤其是早期的创业过程中,并非一帆风顺。允许一些浪费,并承认失败的效用,为腾讯走向更为良性的发展打下了良好的基础。

腾讯在早期经营中展现的妥协姿态,正是源于腾讯领导团队沉稳低调、亦攻亦守、亦战亦和的中庸文化。这种文化流淌在腾讯的血液中,也终将孕育出具备中庸色彩的公关理念。处理公共危机事件,如果不懂妥协,就容易激化矛盾,即便是有理的一方,也可能因为缺少妥协精神而失利。而这一特质,腾讯已然具备。

---

① 任正非在其《管理的灰度》一文中提出:"一个企业的清晰方向,是在混沌中产生的,是从灰色中脱颖而出的,方向是随时间与空间而变的,它常常又会变得不清晰。合理地掌握合适的灰度,是使各种影响发展的要素。"

第二章

进击力

在压力的作用下,地球内部的物质会喷薄而出,形成火山爆发的景象。猛烈的火山爆发将会造成极大的损害,生命、土地、钱财都可能成为一片灰烬。曾有一度,腾讯就是一座潜藏着巨大威胁的火山。它带着熊熊火焰,让人不敢靠近。

　　那些年,腾讯不自觉地伤害过一些人,也惹过一些事,但自己浑然不知。光芒四射的它,认为自己是最夺目的,却忘记了和自然生态和谐共处。此时,公关是一个没有被启用过的"灭火器"。

第一节　自负地收费

佛说:"生下来,活下去,才是人生。"一个企业从创立到成长,就像人的一生,生,容易,活下去,不易。2001 年,一篇题为"腾讯 QQ,你做得太绝了"的文章横空出世,几乎把腾讯打得找不着北。

文章直白地指出要"小心 QQ",并对腾讯收费的做法表示不能理解:"可以说腾讯开了中国互联网收费的一个先河,注册也得收费,那么其他互联网服务提供商,如联众在线,为什么不仿腾讯? 这是因为它们没有取得像腾讯那样的垄断地位,假如还有第二家可以与 QQ 对抗的在线即时通信软件,腾讯推出这种用户不欢迎的注册方式代表着自杀。"

这件事情的起因是,当时腾讯对 QQ 号码注册实行了收费,这直接造成了众多新用户需要付费才能得到和朋友们联系的 QQ 号。让人气愤的是,这种收费还不是直截了当地收费,而是变相地通过 168 声讯台和手机运营商收取,通过网页直接注册的通道则显示"服务器拒绝注册,请重新申请"。

尽管腾讯以"服务器太忙"为由做出解释,但显然这种说法不能让用户买单,相反却让用户觉得此举颇有抢劫之意。连收费都收得那么不光明正大,掩耳盗铃的做法让人愤怒。

"腾讯每注册一个新号码即可挣 1 元左右的纯利润,目前腾讯日注册量据说已经有约 30 万,如果这些注册全部都通过电话或者手机注册的话,腾讯一个月就至少有数百万注册用户,那一个季度下来,除去给电信运营商的分成,光新用户注册费就有 1000 多万元。"《腾讯 QQ,你做得太绝了》一文作者直陈,"这可能会使腾讯在收费的路上走得更远,可能在将来你登录一次 QQ 即要付一定的使用费,甚至你发送一条信息都要收费。如果没有谁能够狙击腾讯的话,这并不是没有可能的,垄断可以助长一个企业无止境地从用户身上剥夺利润的欲望。"

几日后,《精品购物指南》也对此事发表了一篇名为"要学邮箱注册收费,腾讯上演东施效颦"的文章,人民网随即做了全文转发。这无疑把腾讯推上了风口浪尖,文章进一步披露道:"限制还不止如此,除了限制注册,还限制用户加好友的数量。以前,好友名单的数量是没有限制的,但是最近好友名单里只能保留 200 人了。所以,如果你的好友多,你就只能申请新号码,申请新号码就要再付费,名单满了,再申请,再付费,如此循环往复。"

注册收费无疑是一种自负的表现,从传统商业角度来说,产品足够好,能够满足用户需求,就会产生价值,而用户就该为使用买单。这种逻辑没有问题,但放到互联网世界来谈,就行不通。显然,那时候埋头做产品的腾讯没有认识到，免费对于一款互联网产品的重要性。

有网友直接弃用了 QQ，并评价称："说白了 QQ 只是一个聊天工具，还并不是我们的生活必需品，虽然给我们的生活增添了一些乐趣，但并不是非你不可的存在，同时期的即时通信工具还有 ICQ，还有网易泡泡，还有新浪聊聊吧……"

"因此腾讯公司的做法无疑是把自己的潜在资源推出去，推到别人的手里……腾讯公司在不恰当的时候，以不恰当的方式，在不恰当的项目上收取了费用。"如《精品购物指南》的评论所言，腾讯在第二年就遭到了群狼的围攻。

面对用户的指责，腾讯起草了一份律师味道很浓的公开信，回应称："我们有充分的理由认为，注册用户增长过快，是对免费资源的极大浪费。"本想对此事为自己辩护几句，却没想到，这封信反而助长了公众的怒火，被批为"傲慢而无理的狡辩"。面对用户的不买账，马化腾做出了坚持收费的决定，在他看来，让腾讯活下来才是当前最重要的。

彼时，腾讯刚拿到了 MIH 的投资，刚从生死边缘挣扎出来，马化腾说："腾讯不会被骂死，但是肯定会因找不到盈利模式而失血致死。"此时的马化腾所透露出的气质，完全是心中那个不羁的牛仔少年。世人的唾沫比起生存，似乎不算什么。

直到 2 年后的 2003 年，腾讯才取消了 QQ 注册收费。但这一事件也让腾讯在之后的 2 年中不得不疲于应对群狼的围攻，在本已拿下控制权的领土里重新战斗。无独有偶，又过了 10 年的 2013 年 10 月，马云发内部邮件强推"来往"，要求员工每人必须拉 100 人，否则视为自动放弃年终奖金。尽管他自称这是一个很糟糕的主意,但仍然义无反顾地推行下去,因为,活下去比什么都重要。

在回忆"QQ收费"风波的时候,腾讯首席信息官许晨晔说道:"从来没有那么多记者打电话来,我们根本不知道如何应付,电话铃响了,谁也不愿去接。"当时,马化腾拒绝接受任何媒体的采访,他也不知道该如何跟新闻记者交流。

逃避,是当时他们的一致选择。

男人天生不擅长沟通,他们的语言思维方式是直的,和不熟悉的人谈感受,对他们而言犹如上刑。面对语言和文字的攻击,这群爷们连招架的余地都没有,就败下阵来了。

程序员的脑回路,让腾讯的草莽公关与媒体格格不入。他们还沉浸在自己的世界里,对遭遇到的第一次危机束手无策,并没有意识到自己的危机公关处理能力得到的是负分评价,还不屈不挠地死磕在自己的产品里。

第二节　进击的武器

就在 QQ 彻底结束收费制的 2003 年,腾讯网成立了。这个新产品的问世,终于让马化腾忧愁的脸上增添了一丝笑容。这年 7 月,腾讯网宣布成立,创始团队有 40 多人,包括编辑、记者、广告策划等职位。12 月 1 日,腾讯网正式上线。

按照马化腾的设想,有了腾讯网这个新闻门户,腾讯就有机会形成"一横一竖"的业务模式,即在即时通信工具之外,以门户网站为另一个入口,囊括所有的互联网服务。尽管起步远远落后于新浪、网易、搜狐等老前辈,但 QQ 带来的流量优势,让腾讯无所畏惧。

在腾讯公关发展的道路上,腾讯网的成立颇为关键。公关的目的是劝说,而劝说需要信息传播工具。工具越强大,劝说的覆盖范围越广。更重要的是,如果没有腾讯网,腾讯在宣传品牌的时候就会受制于其他媒体。与其看人脸色,不如自建渠道。腾讯网的出现,让腾讯公关有了劝说的武器,这是别人求之不得的"装备"。

而从腾讯之后的诸多行为来看,腾讯网的成立不仅是为腾讯的产品业务服务,也不仅是为赚更多的广告费,其发挥的作用远不止这些。在一段时间内,腾讯网成了腾讯公司的御用公关工具,成了腾讯自造的舆论阵地,身兼为腾讯发声的职责。有了触手可得的媒介传播平台之后,腾讯的底气更足了,野心也逐渐显露出来。

2005 年,腾讯将"在线生活"确定为企业战略目标,旨在打造一站式在线生活新模式。马化腾认为,腾讯要做互联网的水和电,成为人们日常生活的必需品。因此,在这样的战略指导下,腾讯在互动娱乐、互联网增值服务、电子商务、广告等方面多管齐下,布局在线生活体系,试图浸入人们生活的方方面面。

在这样的战略驱动下,2007 年,QQ 活跃账户数超过 2 亿,QQ 个人空间活跃账户数达 5700 万,QQ 游戏平台同时在线用户最高数达 271 万。而在 QQ 流量的支持下,腾讯网在短时间内就成了中国流量第一的门户网站。

如此庞大的数据,成了腾讯傲气的资本。2007 年,腾讯围绕"在线生活",提出"大回响、大影响"品牌战略。腾讯发文称,将"大回响、大影响"定为自己的发展战略,包含着三个层次——

首先,腾讯要成为一家最受尊敬的互联网企业。腾讯目前有超过 2.3 亿的活跃帐号,这对于我们来说既是荣耀,也是压力。这就

不断地要求我们承担起更多的使命和社会责任,依托自身的网络平台和资源优势,去促进社会和谐繁荣;

其次,腾讯要成为一家利用互联网技术提升人类生活品质的企业。让腾讯的产品和服务像水和电一样源源不断融入人们的生活,丰富人们的精神世界和物质世界,让人们的生活更便捷和丰富。

第三,腾讯要成为一家一切以用户价值为依归的企业。要时刻保持对用户需求的敏感,重视用户的体验,超水平地满足用户的期望。

所谓"大回响、大影响"的意思是,追求更高的社会价值,拥有更大的影响力。也有人曾评价称,这句话隐藏的意思是:"我要做第一!"而从腾讯此后的表现来看,它的确是在朝着中国互联网第一品牌的目标前进。

马化腾在一次演讲中自豪地讲道:

在 2007 年的除夕之夜,有近 50 万人次的来自世界各地的海外华人同胞通过腾讯平台观看春晚,与国内的亲友在线守岁,"合家团圆";热带风暴肆虐我国湘南地区之时,十几万网友通过腾讯的平台踊跃捐款,奉献爱心;还有很多的腾讯用户自发组织起来关注公益、关注环保、关注弱势群体,这其中有关注环保的 QQ 义工、关爱青少年成长的 QQ 母亲、关心社会发展的 QQ 两会群、倾心教育事业的 QQ 老师;还有更多的网民每天都在通过腾讯的平台进行着工作、学习、生活和娱乐,进行着情感的沟通,传递着普通人的喜怒哀乐。他们不仅代表了未来,还代表了主流的价值观念,他们在传递着每个人自己的"大回响、大影响"。

这番言语中透露出这样的信息:腾讯拥有并且能够号召一个庞大的公众群体,有力量、有实力真正实现"大回响、大影响",这是腾讯的使命,也只有腾讯能够做到。当腾讯提出要"释放 2.3 亿用户之影响力"的时候,腾讯网自然成了释放的通道,成了影响力的承载物。

"大回响、大影响"战略是腾讯基于已拥有的丰厚成果,对自身的一种期望。在之后的时间里,腾讯对此战略的认识和解读也发生了一些变化,每一次新的认识都是一次成长。

既然战略已定,行动便随之而来。

2007 年,腾讯斥资千万元,进行了创立以来最大手笔的一次形象宣传活动。几乎一夜之间,在北京、上海等一线城市的马路上,随处可见腾讯崭新的广告牌,由一个个独立的小图案组合成巨型的鹰、鲸和狮子,上面写着"大回响、大影响"的品牌口号。腾讯有 2.3 亿活跃 QQ 用户,这些用户的潜力无比巨大,他们就像一个个独立的小图案,而腾讯正在设法把他们转化成自己需要的图案。

马化腾、刘炽平等高管在参加各种活动、演讲和采访的时候,时常把"大回响、大影响"挂在嘴边,不断地向公众解释和传递新品牌战略。同时,由腾讯主办或者赞助的一些活动,也频频露出"大回响、大影响"的标语。腾讯的这些行动,无非是为了强化战略落地,让更多人记住自己。

在这期间,作为腾讯与外界交流的窗口,腾讯网的一举一动都代表着腾讯的形象和姿态。

2005 年 8 月,腾讯网宣布从"青年的新闻门户"向"最好的综合门户"转型;

2005 年 10 月 12 日,神舟六号载人飞船发射,这条新闻第一时间在 QQ 迷你首页弹出,引导用户进入腾讯网站;

2006 年第 18 届世界杯足球赛期间,腾讯网的世界杯站点用户达到 4560 万人,与新浪网相当。

通过一次次新闻战役、热门话题,腾讯网超越新浪、搜狐,成为中国门户网站的流量之王。之后,腾讯网又先后成为博鳌亚洲论坛、夏季达沃斯世界经济年会的独家互联网合作伙伴,以及女足世界杯的官方支持商,"霸道"地将自己展现在公众面前。

这些声势浩大的活动,既是品牌宣传,也是公关行为。然而,正如吴晓波在《腾讯传》中所言:无论是腾讯人还是外部的所有人都心知肚明,这只是流量意义上的胜利,与媒体影响力甚至广告收入并不完全匹配。

为了达到企业的战略目标,企业人力组织、管理、生产、研发、营销渠道等各部门需要相互匹配、协同合作,公关也是其中的一环。一般来说,公司的大战略可能是以成本、产品或者营销为核心,而不是公关。任何一家企业,其公关都是大战略下的辅助,它受到大战略的指挥,并且为大战略服务。

在腾讯,公关与行政、人事、财务、法律、内审等一起,属于职能系统。当腾讯大战略出现大流量、小价值的问题时,公关事务也发生了类似的情况，即传播覆盖面虽广，但效果不如人意。有人不留情面地评价称，"大回响、大影响"战略空洞、毫无内涵。也就是说，品牌公关没有把战略具体落地和细化工作做扎实。尽管到处宣扬"大回响、大影响"，但真正能够了解其内在含义的人很少。

受到"大回响、大影响"的战略影响，腾讯其他方面的工作也产生了变化。最典型的现象是，在 2004 年之后，腾讯开展了多条业务线，涉及游戏、音乐、网络应用等各领域。对于腾讯来说，这样的做法是为了构建一站式在线生活的战略目标，但在外界眼里，这是一种流氓式的巧取豪夺。

无论外界如何评价，腾讯对腾讯网的重视，不言而喻。在网站成立没多久，腾讯就更换了品牌标志，并将其作为腾讯网的主标志。自此，由绿、黄、红三色呈轨迹线环绕的小企鹅成了腾讯公司的形象代言人。对于换标行为，腾讯官方解释称，新的品牌标志整体代表着 QQ.COM 为消费者打造的精彩的虚拟生活空间，表明腾讯网将致力于倡导在线生活，围绕在线生活产业布局来确定企业的发展方向。

这次换标行为意味着腾讯即将成为中国互联网产业中一股独特的力量，野蛮拼杀出一条专属于自己的道路。换标后的第二年，腾讯开了挂似的开始了强劲的流量攻势。2006 年四五月份，腾讯网的流量首次超过了新浪网。可以看到，腾讯在努力使自己摆脱"三低"形象，就像一个孩子努力地想长大，偷偷穿妈妈的高跟鞋一样，以为改变了形象，气质也会褪去稚嫩。

腾讯一步一步地走在了自认为"奔向小康"的道路上，而大家其实都心知肚明，成长需要积淀，需要时间。其实，腾讯自己又何尝不知这个道理？但它太渴望长大了，甚至陷入了成长的焦虑之中。它希望用最快的办法证明自己的强大，向世界大声喊出自己的野心，不愿意听到外界刺耳的声音。

央视曾经播放过一个广告，一个穿着红色衣裙的女孩在翩翩起舞，背后的场景无论怎么转换，她都在优雅地舞蹈。这个广告的含义是：心有多大，舞台就有多大；梦有多远，人生就有多远。梦想的实现，并不是喊出来的，而是靠脚踏实地、心无旁骛的坚持。

然而，处于成长焦虑期的腾讯不自觉地忽略了这一点，成长的躁动集中体现在了腾讯网的扩张过程中。

"让腾讯像水和电一样融入人们的生活"成为这一时期的目标。马化腾将 2006 年定为执行年，为这一品宣战略铺路。酒香也怕巷子深，此时的企鹅极度渴望世人认可自己，它做了新造型，换了新衣服，甚至勇敢地做了两次大"手术"，进行公司组织架构调整，全力打造新的形象。

I-legions 和 PeerMailing.com 的创建人、品牌专家罗布·弗兰克尔（Rob Frankel）认为："一旦企业确定了自身的品牌策略，就到了广告和公关的阶段，目的是提升企业的认知度。"此时，腾讯也沿着这条路线在前进。

在"大回响、大影响"的宣传下，腾讯也向"大"的方向挺进。它甚至懵懂地认为，品牌公关就是要大张旗鼓地做宣传。腾讯十分信服这种广告式的公关思想，并且将其发挥得淋漓尽致。从腾讯网络媒体事业群提出的 MIND 模式中，可以感知腾讯广告式公关的思路，而且这种混淆广告和公关两者关系的思路还影响了同时期的其他企业。

MIND 是指——

measurability：用可衡量的效果，来体现在线营销的有效性、可持续性以及科学性。

interactive experience：用互动式的体验，来提供高质量的创新体验和妙趣横生的网络生活感受。

navigation：用精确化的导航，来保障目标用户的精准选择和在线营销体验的效果。

differentiation：用差异化的定位，来创造在线营销的不同，满足客户独特性的需求。

不难看出，腾讯又在以做产品的思维设计公关路径。不得不说，MIND 模式直接开启了新的广告模式，堪称精准投放的雏形。2007 年腾讯实现广告收益 4.93 亿元，这个数字要比 2006 年增加了将近 85%，占集团总收入的 12.9%。而到 2008 年，这个数字几乎又翻了一番，达到 8.26 亿元，同比增加 67.5%。

数据可以证明某种层面的成功。然而，广告和公关始终是两个不同的概念。尽管 MIND 模式为腾讯创造了不菲的收入，也为腾讯提供了一条差异化超越的道路，但腾讯在公共关系方面依然懵懂得像个孩子。

罗布·弗兰克尔用了一句很简单的话来说明广告和公关：广告是购买提高知名度的宣传机会，公关则依赖媒体关系。

　　广告就是付费的媒体宣传,它通过视觉体验来达到品牌宣传的目的。而公关是通过公众口碑来达到宣传目的。与付费的广告宣传不同,公关通过媒体沟通进行品牌传播,以获取公众关注与认知,是具有创造力和战略性的宣传活动,目的是支持产品、服务的品牌宣传。

　　目的都是宣传,途径都是媒体,真的好像。但是,一个是品牌维护,一个是品牌塑造,你可以轰炸式地进行广告宣传,却只能一步一步地进行公关塑造。而这个道理,腾讯在走了许多弯路之后才最终领悟到。

第三节　充耳不闻

腾讯一直想做连通世界的桥梁,即时通信工具 QQ 让人与人之间的连接变得更方便快捷;而让人与世界平行,还需要新闻门户的沟通。

2004 年 8 月,雅典奥运会期间,腾讯第一次将 QQ 流量导入腾讯网,由网站部制作了一个"迷你首页",将奥运会金牌的最新动态在 QQ 客户端向用户推送,并直接连接腾讯网主页。

这一做法让腾讯网一时间声名鹊起,用户不用再专门登陆其他新闻网站即可获得最新的新闻资讯,这一将 QQ 客户端与新闻门户无线对接的做法让懒人党倍感欢欣,将新闻以弹窗的推送方法更快、更及时地送达用户面前。这让腾讯网迅速冲到了国内新闻门户网站的第四名。马化腾甚至对 3 年内新闻门户的前三强做了一个预测:"有一家是新浪,还有一家是腾讯,另外一家,不知道。"

此时的腾讯,沉浸在成功的喜悦中,万事都随着心意顺风顺水地进行着。春风得意马蹄疾,一日看尽长安花。人们总是说,危险总是发生在最不经意间。可是我们却忘了,任何事情的发生,都有它的必然性。

此时,时任雅虎中国总裁的周鸿祎在接受《21 世纪经济报道》的记者采访时,对马化腾的多元化战略提出了质疑:"腾讯的多元化发展可能也是一个软肋,做门户、做邮箱、做游戏,可能就会分散推动实力。之前QQ 的成功因为它专注,而多元化发展之后,它集中在即时通信上的力量还有多大,这无疑是它给自己下的一个挑战。"

2006 年 5 月 24 日,腾讯公布了自己第一季度的财报:总收入 6.453亿元,比上一季度增长 50.3%,比去年同期增长 114.8%;毛利 4.696 亿元,比上一季度增长 62.4%,比去年同期增长 136.5%。得益于如此漂亮的财报,腾讯当天的股价上涨了 26%。

第二天,也就是 5 月 25 日,《21 世纪商业评论》的主笔吴伯凡采访了马化腾,写出了业内有名的《企鹅帝国的半径》一文,提出"管理半径"的问题。

吴伯凡的这篇文章很儒雅地从腾讯"全线开战"的战略上进行了剖析,很温柔地提出:"正如我们从历史上一个个帝国的兴衰中看到的,开辟疆土是相对容易的,但如果统治能力的半径达不到疆域的半径的话,这样的帝国难以持久。腾讯有没有核心能力?如果有的话,它的核心能力的'发射功率'能够覆盖到它所有'从核心出发'的业务吗?从业务的'空间结构'而言,所有这些业务能相互关联且形成'众星参北斗'之势吗?从业务组合的'时间结构'而言,由'种子产业、苗圃产业、果木产业、枯木产业'形成的业务组合能相互接替、左右逢源吗？果木产业在成为枯木产业之前，能承受如此多的种子和苗圃产业之重吗？"

这篇报道提出了深刻的问题，但话语的力度显然太轻了。腾讯紧跟市场的敏锐触角让其势必迅速地扩张自己的疆域，而管理拖了疆域的后腿，让危机暗暗丛生，像暴风起时的风头，此时只是有少量的细沙在地面上飘浮，不趴下贴面细看，是看不到细沙飞舞的。

而《中国企业家》杂志的程苓峰就直接得多，他直接使用了"全民公敌"来称呼马化腾，辛辣地指出："互联网'四大天王'谷歌、雅虎、eBay、MSN 干的所有业务，腾讯都干了。"这种复读机式的"创新"只能被称为"模仿"。

对此，马化腾的解释是："因为互联网市场太新太快，往哪里走就有很多可能。如果由自己来主导可能没有办法证明所选择的就是对的，几个月内都有很多新东西冒出来，凭什么判断哪个是热点？有竞争对手了，人就开始有了斗志。看看别人哪些做得好，哪些做得不好，如果别人杀过来，应该怎么办？是硬顶，还是去别的地方迂回作战？"

这便是马化腾的"后发是最稳妥的方式"的前身。

人无远虑，必有近忧。此时的马化腾和腾讯，都太年轻，修炼资历也还尚浅。

有理由相信，马化腾最美好的愿望，只是做一个安安静静的产品经理。他在对外的讲座上侃侃而谈："用户是闷骚的，他们不会向你诉说自己的欲望，所以问卷调查什么的基本没用。但当你把直抵内心秘境的产品放到他们面前时，他们就会两眼放光，大叫'就是它'。"

不难看出，腾讯在产品的用户体验上做到了精准十足，它准确地抓住了你想要什么并及时地送到你面前，它知道你想要却说不出口或者不好说出口的产品到底是什么样的。

这位闷骚的产品经理总是能抓住用户的欲望，但是却不了解舆论。

2006年初夏，栀子花的香气充斥着整个天空，甜甜的味道让人微醉。西子湖畔的马云显然没有这闲情雅致欣赏那白色花瓣和醉人的香气，他被马化腾趁淘宝网卖家的"反淘宝联盟"发动罢市的内乱时机里斜刺过来的剑伤着了。

刚和eBay大战过的马云在此时违反了当初的3年免费承诺，推出淘宝卖家竞价排名活动，出售商品首页的前20个位置和后续页面的10个位置，按照成交额来收取费用，不成交不收费。卖家自愿就所售商品的关键词出价，当买家按照关键词搜索商品时，使用这项增值服务的卖家商品在搜索结果中优先显示，竞价最高限定从100元下调到50元，低于50元则最高为商品价格的5%。

同时，一般的卖家可参与"招财进宝"排名的商品数量被限制为20个。马云把这一活动命名为"招财进宝"，希望给淘宝带来更多的收入。而就是这一活动，引发了淘宝史上最激烈的一次罢市风波。

腾讯完全仿照淘宝上线的拍拍网趁机推出了"蚂蚁搬家，搬出美好前程"活动，鼓励淘宝卖家将在淘宝网的店铺转移到拍拍网，并承诺卖家只要成功导入自己在第三方交易网站的参考信用度，铺货20款以上，就有机会获得黄金推荐位。买家在拍拍网购买任何商品并通过财付通完成付款，就可获得最高600元的购物券奖励，并承诺未来3年完全免费。

怎么看怎么像趁火打劫。这一完全针对淘宝网的策略打得马云猝不及防，马云中肯地对媒体朋友说："马化腾这招用得很好。"一语多关，马云式公关。

此时，网络上出现《原来骂淘宝的声音是这么出来的》，作者贴出腾讯公关代理协议："为配合拍拍搬家活动的市场推广，借淘宝'招财进宝'的机会，进一步打击竞争对手，提高拍拍网的市场影响力与美誉度，为拍拍网今后的发展创造更和谐的氛围，经双方友好协商，达成如下协议……"

协议主要实现以下公关目标："对淘宝'招财进宝'在淘宝网、Donews、天涯、Techweb以及其他网络论坛上做文章，主要围绕淘宝强行收费、用户强烈抵制、淘宝网不守承诺等方面展开，参考平面媒体刊发文章，以达到突出拍拍网是国内最大的、唯一的免费交易网站的目的，增加网站的关注度，提升知名度和美誉度。"

这篇帖子直指腾讯雇用公关公司打击淘宝。妙，这招用得四两拨千斤。

马化腾这次接受了记者的电话采访，否认了腾讯在背后推动淘宝危机的发酵，并指出所有的电子商务都是这样做的，大家的模式都一样，谈不上谁抄袭谁。同时，腾讯以名誉侵权为由将指责腾讯的公司告上法庭。他这次没有选择沉默，反而学会了扮猪吃老虎。

可惜，腾讯的公关一直到2010年遭遇360时都没有学会走向前端。

任正非在《华为的冬天》中写道："繁荣的背后都充满着危机，这个危机不是繁荣本身的必然特性，而是处于繁荣包围中的人的意识。艰苦奋斗必然带来繁荣，繁荣以后不再艰苦奋斗，必然丢失繁荣。千古兴亡多少事，悠悠，不尽长江滚滚来。历史是一面镜子，它给了我们多么深刻的启示。"

在表面风平浪静的海面下，深达 7000 米的海底可能早已暗流涌动，危机四伏。而伴随着危机的，也可能是丰富到令人目瞪口呆的宝藏。正所谓"福兮祸所伏，祸兮福所依"。

第四节　缺一只柔软的手

　　在不停的进击中,腾讯展现出非常刚强的一面,有时候让人感觉有些疯狂和可怕。刚强的对立面是柔软,面对不同的场景,人们会用不同的面貌来应对。而在公关事件中,面对大是大非,必须刚强;面对自身的漏洞和不足,则需要柔软。

　　更直观的现实是,身陷公关危机中的企业,多数是因为暴露了自身的问题而引发舆论的不满,并非完全是遭到误解或被冤枉。因此,在公关事件处理中,柔软的力量胜于刚强,也更能取得大众的理解和认可。令人遗憾的是,在进击时期,腾讯蒙眼狂奔,只为了胜利而战,在奔跑中忘记了柔软,忘记了示弱。只有刚强,没有柔软,对于企业的发展来说,或许意味着危机正在来临。

　　在互联网界,若论刚愎自负,恐怕没人比得过苹果创始人史蒂夫·

乔布斯(Steve Jobs)。而就是这样一个偏执狂,也懂得柔软的意义,并且能够用柔软的力量去化解危机。

2010 年,iPhone 4 发布后不久,苹果公司陷入了"天线门"事件。由于设计材料的问题,用户以某种方式拿着手机,尤其是用左手拿着手机时,就会出现信号丢失的问题。而这一问题,苹果内部在研发设计时就已经知道了。然而,为了产品的美观,苹果选择忽略,并且隐瞒实情。据称,问题发生的概率约为 1%。所以,就连乔布斯也侥幸地认为,不会出事的。

一个普通手机出现一些信号丢失问题可能不会成为新闻,但这是 iPhone 4,是让所有人惊叹的产品。在意料之外,也在意料之中,"天线门"事件爆发了。

苹果公司该如何处理?全世界的人都等着看,摊上事的乔布斯还能不能保持在发布会现场那样的骄傲?

就在"天线门"炒得沸沸扬扬之时,乔布斯正和家人在夏威夷康娜度假村度假。最开始,他还为自己和苹果公司辩护,还揣测这是谷歌和摩托罗拉在作怪。对于公众的指责,乔布斯很不高兴。他认为,苹果是一家讲原则的公司。如果别人看不到这点,那么是他们的错,苹果没有理由放低姿态。

但当他看到许多针对他个人的批评言辞时,他还是因为受伤而感到痛苦,颓然地认为"这事根本不值得费这么大工夫"。幸而,身边的人提醒他,如果他这样做,人们就会认为苹果将成为另一个微软,自满又傲慢。这是乔布斯绝对不想见到的。因此,他振作起来,走出低谷,开始想办法。

无疑,这是一场公关战役。

　　乔布斯召集了公关老手里吉斯·麦肯纳（Regis McKenna）、为苹果制作了经典广告《1984》的广告鬼才李·克劳（Lee Clow）以及克劳的同事詹姆斯·文森特（James Vincent），另外还有苹果公司的公关主管凯蒂·科顿（Katie Cotton）以及其他 7 名高管，乔布斯邀请他们坐到一起开会商议对策。

　　在《史蒂夫·乔布斯传》中，作者沃尔特·艾萨克森（Walter Isaacson）描述了这场精彩的会议：

　　　　会议一开始，乔布斯就拿出了自己收集的所有数据。"事实都摆在这儿，我们应该做些什么？"

　　　　里吉斯·麦肯纳最为沉着和直接，他说："只需摆出事实和数据，不要表现得傲慢狂妄，但要坚定和自信。"而其他人都劝乔布斯表现得更有歉意些，但是麦肯纳不同意。他建议道："不要夹着尾巴召开新闻发布会，你应该直接跟他们说：'手机不完美，我们也不完美。我们是凡人，在尽自己最大的努力做事，而数据在这里。'"

　　于是，在苹果的新闻发布会上，人们听到乔布斯冷静镇定地说："我们不完美，手机不完美，我们都知道这一点，但是我们想要让用户满意。"此外，他报告了一些数据，表明其他手机也有类似问题。

　　面对公关危机，一向自负的乔布斯低头了，他做得恰如其分。他不仅得到了粉丝的谅解，而且成功转移了话题（将 iPhone 4 的问题引申到其他产品的问题）。最重要的是，所有的言行非常乔布斯。美国舆论称，这起事件将会成为新的公关标准。

的确，"天线门"事件的公关堪称完美。《孙子兵法·谋攻篇》有云："夫用兵之法，全国为上，破国次之；全军为上，破军次之；全旅为上，破旅次之；全卒为上，破卒次之；全伍为上，破伍次之。是故百战百胜，非善之善者也；不战而屈人之兵，善之善者也。"

乔布斯的屈人之兵之术并非多么高明的手段，却是最完美的解决之术。他只是陈述了一个事实——是的，iPhone 4 天线有瑕疵，在外观与设计的两难下，我们尽自己最大的努力做到最完美，但是，仍然有瑕疵。

没有道歉，没有屈卑地请求原谅。我们没有错，为什么要请求原谅？iPhone 4 只是存在着一个所有智能手机都存在的问题，舆论揪着不放的目的是什么？这样的反应，转移了问题的矛头，并且将危机转化为营销的助手，助力 iPhone 4 的销量上升到了一个新的台阶。

佛说：别人刚强，要以柔软应之；别人狡猾，要以智慧对之；别人怀疑，要以自信处之；别人鲁莽，要以谨慎待之；别人好胜，要以谦卑感之；别人争利，要以无争化之；别人行善，要以欢喜随之；别人作恶，要以悲悯止之。兵来将挡，水来土掩。万境现前，则无不利。

柔中带刚，不失为一种高级的公关境界，乔布斯做到了。最好的公关，并不是运用教科书上的技巧，也不是刻意学习其他公司的成功案例，而是做出符合公司气质的事情来。当苹果公司、乔布斯、iPhone 产品和公关处理手法的气质相投、融为一体时，才得到了近乎完美的公关效果。

在"天线门"事件发生后，乔布斯并没有在第一时间回应，甚至和用户硬碰硬对立，这可以说是产品人的"通病"。产品人是孤独的，他们期望有人能懂他们，当不被理解的时候，第一反应就是愤怒，进而产生自暴自弃的想法。

而在腾讯这个以产品人为主的团队里，这个毛病也很是常见。罗哲福考德公爵（La Rochefoucauld）说，很多人都会介意自己的记性不好，却很少有人在意自己的判断能力。

在较长一段时间内，马化腾也许压根就没想到公关能给他带来什么，对他而言，除了开个新闻发布会或者安排两场访问，其他时候公关基本是没什么用处的存在。一个不能产生利润却还要支出巨额费用的部门，在他这个产品经理人的脑回路里是完全不可理解的。况且他还是一个极其内向的人，不善表达，台风严肃。让他妙语连珠、幽默风趣地与媒体打成一片，抱歉，做不到。

诚然，产品和服务是企业的发展之重，而公关主要起辅助配合作用。事实也证明了，在此后的公关危机中，霸道自负的腾讯因为不够灵活变通、不够柔软而受到了重创。

乔布斯最让人佩服的地方，是他能够在短时间内转变思想，做出自我改变。然而，腾讯在疯狂奔跑的时候，浑身都是力量，几乎没有办法变得柔软，更来不及研究遗留问题，而这让它在不久后就尝到了苦果。

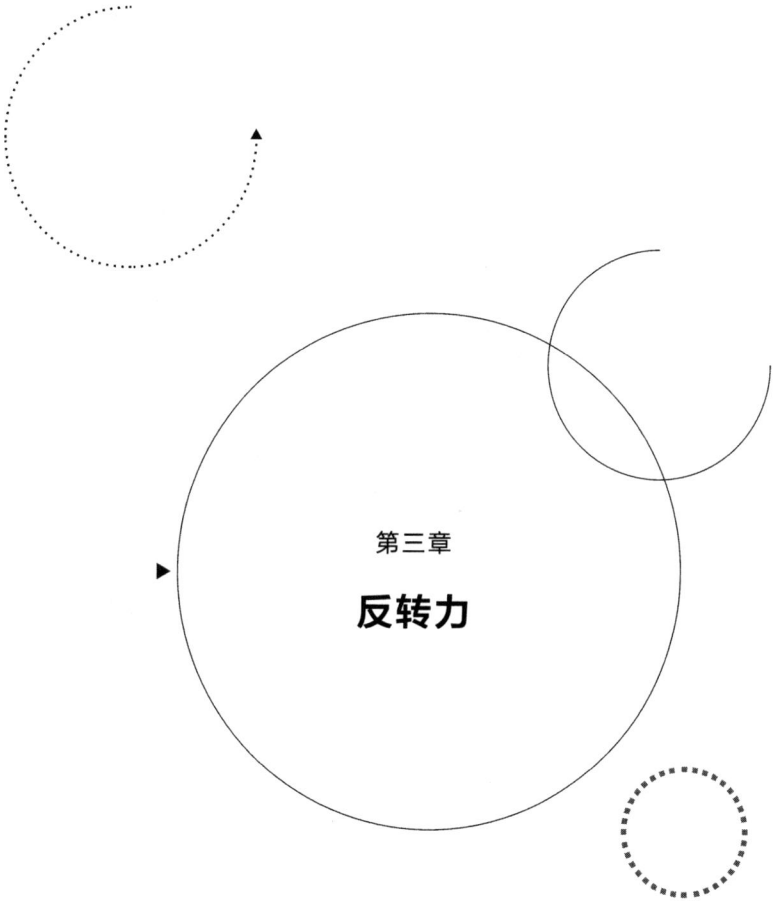

第三章

反转力

暴风雨后，需要宁静，更需要的是反转力。著名的美国军事统帅巴顿将军曾言："衡量一个人成功的标志，不是看他登到顶峰的高度，而是看他跌到低谷时的反弹力。"腾讯，曾在爆发后跌落谷底。庆幸的是，它带着卧薪尝胆的决心，重拾谦虚品质，实现了绝境反转。

　　企业想要变得更好，就得舍弃许多固有的舒适习惯，去重新学习新思想，其难度不亚于塑造一个新的自我。在反转过程中，腾讯公关的角色和力量得到了重新审视，并且开始真正发挥应有的作用。

第一节　每句话都是错

2010年11月3日,星期三。一周之中,好消息是艰难的一周过去了一半,坏消息是艰难的一周还有一半。傍晚,QQ消息突然弹出新闻框,以为又是什么新闻,正要朝着小叉叉猛点下去,却看到了标题"致广大QQ用户的一封信"。嗯?! QQ放了杀招!

事情还要向前追溯。

2006年12月,针对越来越猖獗的盗取QQ号的木马病毒,腾讯公司推出了QQ医生1.0版,专门查杀盗号木马,并在以后的很长一段时间里专职防范盗号病毒。

而到了2008年下半年,360公司创始人周鸿祎宣布,将运行了2年的360安全卫士永久免费,这让杀毒公司哀鸿遍野。

此时的360和QQ,似乎在互联网世界中各安一隅,周鸿祎和马化腾依然是之前西湖论剑的江湖兄弟。令人未能想到的是,他们在不久之后就狭路相逢,展开了一场充满刀光剑影的比拼。

2009 年 11 月,QQ 医生升级到 3.1 版,仅 10 天之后,QQ 医生再次升级到 3.2 版。相比之前简单换个肤这样的小手术,3.2 版可谓是动了大刀,其界面及功能和 360 安全卫士极其相似,并附赠了半年的诺顿杀毒免费特权。

2010 年 5 月,QQ 医生 4.0 版发布,并正式更名为"QQ 电脑管家"。新版软件将 QQ 医生和 QQ 软件管理合并,增加了云查杀、清理插件等功能。至此,QQ 电脑管家除了名字和 360 安全卫士不一样外,功能上已完全覆盖。

相似程度如此之高,也难怪新浪网总编陈彤说:"某网站贪得无厌,没有它不染指的领域,没有它不想做的产品,这样下去物极必反,与全网为敌,必将死无葬身之地。"

同年 9 月,QQ 电脑管家再次升级,又增加了系统漏洞修补、安全防护、系统维护等功能,在理论上实现了对 360 安全卫士的完全替代。此举着实令周鸿祎感到杀气逼人。

记者许磊毫不客气地声讨:"只要是一个领域前景看好,腾讯就肯定会伺机充当掠食者。它总是默默地布局,悄无声息地出现在你的背后;它总是在最恰当的时候出来搅局,让同业者心神不定。而一旦时机成熟,它就会毫不留情地划走自己的那块蛋糕,有时它甚至会成为终结者,霸占整个市场。"这描述再精准不过了。此时,腾讯引起的公愤已然在整个互联网圈发酵,QQ 所过之地,寸草不生。

　　在此之前,周鸿祎还有闲情逸致在微博上和金山互掐,腾讯于9月22日对QQ电脑管家的再次升级无疑让他陷入腹背受敌的境地,周鸿祎必须想出破解招数,以缓战事,给自己留出喘息之地,而且这招必须是致命的。他爆出了QQ安全问题的隐患。

　　2010年9月27日,360发布针对QQ的"隐私保护器",随后,周鸿祎发表日志称某聊天软件在未经用户许可的情况下偷窥用户个人隐私文件和数据。在那个个人隐私意识刚刚觉醒的年代,周鸿祎的这篇日志可谓一石激起千层浪。

　　网友怒斥:"QQ偷窥我的隐私,还有什么行为是我不知道的?把我的隐私拿去干吗了?我岂不是在网上裸泳?你可以轻易知晓我的证件号码、银行密码、照片、保密文件、联系方式……而且还是在我不知情的情况下。这些信息去了哪里?"再联系到各种广告骚扰、诈骗威胁,一时间网民惶恐不安的情绪在蔓延。

　　这个国庆假日注定是不平静的,舆论持续发酵。这时候,本该在第一时间发声的腾讯,竟一句话也没有说。直到假期结束后的几天,腾讯才在10月11日通过QQ弹窗发表了一份题为"关于腾讯QQ被诬蔑'窥视用户隐私'的严正声明"的声明,文中指出:"近期某公司推出'隐私保护器',诬蔑QQ窥视用户隐私。在此我们严正声明:QQ一向重视用户隐私的保护,绝没有窥视隐私的行为。"

　　此外,腾讯对"QQ安全检查模块"做出了专业详细的说明:"QQ安全检查模块是一个查杀存在于整个电脑中盗号木马的安全软件,在QQ登录后会对易被木马入侵的内存、开机启动项、常用软件启动项、桌面快捷方式等位置的文件进行安全检查。检查的具体流程为:首先判断文件是否为可执行文件(例如 ∗.exe/ ∗.sys 等程序文件),如果不是可执行文件,QQ 安全检查模块不会对其进行任何操作;如果是可执行文件,QQ 安全检查模块将进一步进行木马检查。可执行文件是木马病毒伪装或寄生的地方,检查可执行文件是业界所有杀毒软件的通用技术,绝不涉及用户隐私。"同时,该声明也指出了"隐私保护器"对 QQ 用户的三个主要误导。

这份声明中规中矩,内容极为专业,对于非程序员来说,看的人大都一目十行迅速跳过,和周鸿祎生动煽情的文字几乎没有可比性。试问,谁关心可执行文件是什么? 谁想知道病毒到底在哪里?

对于处于愤怒和惊慌中的人来说,理性地讲道理是没有用的,反而会刺激他们,引发不可控的结果。比如,现实中的火灾、踩踏等事故,都会因为惊慌造成更大面积的伤害。如果没有在第一时间控制住人群的情绪,悲剧将更加严重。

公关事件的处理也是如此,如果没有在第一时间缓解人们的负面情绪,后面的事情就会恶化,变得棘手,甚至失控。腾讯的第一封解释信,尽管冷静、专业,但是无法浇灭人们已经燃起的愤怒之火。从这第一封信开始,腾讯就走上了"一步错,步步错"的道路。这样的结果就是,它说的每句话,在用户看来,都是错的,无法理解,更无法认同。这一次,腾讯见识到了用户的任性。

10 月 27 日,腾讯在网上发表《反对 360 不正当竞争及加强行业自律的联合声明》,该声明联合了金山、百度、傲游、可牛几大公司,将 360

的做法定性为不正当竞争,剑指 360 挂羊头卖狗肉,打着安全的幌子推销自家软件。此时,被 360 抢过地盘的几家公司终于报了一箭之仇,他们联手请求主管机构对 360 不正当的商业竞争行为进行坚决制止和彻底调查。

2 天之后,马化腾 39 岁生日。周鸿祎推出 360 扣扣保镖,送了小马哥一份独特的生日大礼。周鸿祎将自己塑造成草根形象,向一切灰色利益和潜规则宣战,让广大网民看得热血沸腾。草根向权贵提出挑战,任何时候都极富英雄色彩。然而,在大众面前,马化腾的形象十分模糊。

360 扣扣保镖称能全面保护 QQ 用户的安全,其主要功能包括阻止 QQ 查看用户隐私文件、防止木马盗取 QQ 以及给 QQ 加速、过滤广告等。这对用户来说,无疑是贴心的小棉袄。

长久以来,无处不在的广告让人烦不胜烦,无孔不入的盗号木马让人防不胜防,还有无处安放的隐私,网民的担忧与不爽都被周鸿祎的 360 扣扣保镖一网打尽,一个插件解决所有烦心问题,别提让人多省心了。世界上最美的事就在于,瞌睡了正好有人递过来一个舒适的枕头,还是天鹅绒的。

然而,世界上的事真有一劳永逸的解决办法吗?那些包治百病的神药真的存在吗?

腾讯将 360 扣扣保镖定义为非法外挂,第二天就向深圳市公安局和工信部同时报案及投诉。然而,这是什么案子?该如何定性?执法部门也一头雾水,"保镖"怎么就成了罪犯呢?这个让小马哥最为头疼的外挂,在上线 72 小时内就创造了 2000 万的下载量。

　　无奈之下,11 月 3 日,所有的 QQ 用户又收到了一条弹窗消息——《致广大 QQ 用户的一封信》。在信中,腾讯称"我们刚刚做出了一个非常艰难的决定"。尽管有所铺垫,但这个决定还是让用户们倒吸了一口冷气。腾讯表示,决定在装有 360 软件的电脑上停止运行 QQ 软件。

　　可以说,这个轰炸式的决定,一下子把用户的脑袋打蒙了。在文章的后面部分,腾讯义正词严地表达了三个观点:1. 此举是为了保障用户 QQ 账户安全;2. 对 360 没有道德底线的行为说"不";3. 抵制 360 使用外挂的违法行为。相信许多用户在看了决定的内容之后,就不会再读后面的长篇解释了。

　　腾讯非常绅士地让用户做出选择:要 QQ,就没有 360;要 360,就没有 QQ。这种"不是你死,就是我亡"的硬碰硬态度,不会让人讨到好果子吃。用户心里想的是:你们俩打架,为什么要我做决定? 为什么要我原谅? 我为什么要和你同行? 你没看到我受伤了吗? 用户完美地曲解了腾讯的意思,然而这并不是用户的错。

　　这篇腾讯式风格的公告,简明扼要,直奔主题,没有丝毫的情感渲染。你看到的,就是你看到的,它向人们传递的是这样的感情——你们应该无条件相信我。与此同时,腾讯说干就干,推出了不兼容页面,所有 QQ 用户都要做一道选择题,保留 QQ 还是 360?

　　这是一件让用户头疼的事情,甚至令人感觉受到了要挟,许多人直接关机,谁也不用。对于腾讯提供的办法,用户并不如预期那般配合,他们的关注点根本不在谁死谁活上,而是乐此不疲地开始了造句游戏。网民们此次造句的句式是:"我们刚刚做出了一个非常艰难的决定……"一时之间,网民们的调侃声变成嘲笑声。

谁能想到,昔日你以为和你团结一心的用户,此时不顾你的安危,还在你的伤口上撒盐?如果腾讯有情感的话,用户们的反应一定深深刺痛了它。

然而,商战没有喘气的机会。在腾讯发布声明后,360随即弹窗跟进。在声明中,360反指腾讯:"坚持强行扫描用户硬盘,绑架和劫持用户,以达到其不可告人的目的!"就这么一句话,没有长篇的专业解读,反而立即引起了用户的共鸣。同时,360也表示已向监管部门汇报,称腾讯的决定将"严重威胁网民安全",以此增强了自己的可信度。而360做得最正确的,是它没有让用户做选择题,而是温柔地告诉大家:"我们已做好了充分准备,保证大家能够继续同时正常使用 QQ 和 360 软件,相应措施将尽快推出,请大家稍候。"

许多人在看到这样的话语时,心里会产生一种解恨的感觉,自然站到了 360 一边。腾讯懂专业,但 360 懂人心。之后,周鸿祎再次发表微博:"对于腾讯这样丧心病狂的行为,360 有预案。我们推出了 WEB QQ 客户端。"这条路迅速被腾讯堵死,web. qq. com 直接跳转到公告页面,QQ 空间宣布不支持 360 浏览器访问。

第二天早上 9:30,腾讯召开了新闻发布会,甩出了第二封公开信。在这篇名为"难以承受之痛的背后——致 QQ 用户的第二封信"的文章中,腾讯表达了自己的委屈、伤心和决绝。其中,腾讯写道:"我们宁肯背负可能的骂名,以如此激烈的方式来表达的原因,是因为任何的劝说、舆论、正义的声音都无法遏制 360 没有道德底线的破坏和窃取,是因为我们已经退无可退、让无可让,我们的身后,是悬崖万丈!……很多愤怒的网友指责我们'霸道',很多信任的网友说我们'太笨'。可是,亲爱的用户,我们今天面对您,道一道我们心底的苦衷。我们只是在以一种最惨烈的方式,去发起一次呼救。……尽管有用户一时对我们强烈质疑,但我们坚信邪不压正,时间最终会让用户明白真相,正义的信念必定让我们最终获得用户的支持和认可!"

这些语言的力度虽不见得多么强,但终于能够让人感受到腾讯的一丝感情了。

在这篇文章中,腾讯还试图将关注点转移到360对行业的一些负面影响上。其原文写道:"实际上,当360安全卫士的第一位创始人在2008年离职之后,360就开始走向另一个极端:利用这种远程遥控的方式,破坏一切竞争对手的任何软件!它们的名字包括金山、瑞星、可牛、遨游、百度、阿里巴巴、卡巴斯基以及腾讯QQ。在过去几年内,这些公司都把360告上了法庭。"言之戚戚,情之切切,道尽了互联网世界里的商业秘密和无奈之感。

与声明发布同时,腾讯举行了关于此事的新闻发布会。时隔1个多月,腾讯终于从网上走了下来,揭开面纱,与舆论面对面对话。在发布会现场,作为发言人的腾讯公关部总监刘畅真情流露,泪洒现场。她一边流泪,一边心酸地说道:"这是一个非常无奈的决定,但这也是一个非常坚定的决定。"她所指的决定,是要求360立即停止不正当竞争行为,停止虚假宣传,停止诋毁腾讯公司及其产品、服务的行为,连续3个月公开道歉并连带赔偿腾讯400万元。

那一天的新闻报道,几乎都在诉说美女公关哭泣的事情,描绘她无语凝噎的场面。欲语泪先流的凄楚,让人顿时心生悲悯。刘畅一哭,哭出了腾讯的痛苦和压力。

如果不是此次 3Q 大战,我们似乎都不知道腾讯还有一位如此巾帼英雄,两军对垒,柔弱身躯挡住炮火连天。"人在无奈的悲痛下做出的决定往往是坚定的、破釜沉舟的。"梨花带雨又铿锵有力的哭诉让口伐笔诛的众记者无所适从,这也许是整个大战中腾讯唯一的亮点。然而,也只是昙花一现的亮点。

真情眼泪,不失为一种以柔克刚的武器。就在腾讯开完发布会之后,360 也以公开信的形式做出应答,而这一次,360 的回应显得有些疲于应战了。没有新的言辞,只是对腾讯的质疑和指责逐一否认。

在信中,360 强调了 360 扣扣保镖产品的正当性和安全性,但在末尾处讲到:我们也在反思,我们推出一款产品,本着从用户出发的精神,希望能为用户创造价值。但是,如果因为各种原因,反而对用户造成了困扰,那我们必须为此承担责任。因此,我们决定召回 360 扣扣保镖。此举同样也是着眼于用户的利益,希望为用户创造一个安静的、健康的互联网环境,不用再做非此即彼的艰难选择。

此时,360 扣扣保镖产品是否安全,到底是腾讯对还是 360 对,已经不再重要了。360 找了一个适当的台阶,退出了这场纷争。

11 月 14 日,腾讯宣布正式向法院起诉 360 不正当竞争,要求奇虎 360 即刻停止侵权,公开道歉并做出赔偿。然而,这又给 360 创造了一次拉拢大众的机会。能够清楚把控大众情绪走向的 360,非常会利用情绪的力量,他们随即指出腾讯打击报复,转移视线,混淆视听。这样的回应,最能博取公众的同情和信任。

11 月 20 日,工信部通信保障局和公安部出场了,各打五十大板,然后清理战场。腾讯和 360 双方纷纷发表致歉信,世界又笼罩在了一片霞光万丈的祥和之中。

至此,3Q 大战尘埃落定。然而,一切又才刚刚开始。

第二节　误用公关

腾讯与 360 的 3Q 大战,无疑是 PC 端的最后一场互联网大战,这场长达半年的对抗,双方你来我往,杀伐决断,战得酣畅淋漓。360 的周鸿祎显然是舆情高手,不管是决定采取道德还是技术的捆绑,都将舆论导向牢牢控制在手中。腾讯只能亦步亦趋地紧跟应对,不仅完全没有漂亮的回手,而且昏招百出。

360 扣扣保镖的推出完全是红鲱鱼的一个绝佳案例,能够有效扰乱外界的判断力。红鲱鱼本是农民保护庄稼的一个小窍门:农民怕野狗抓小动物糟蹋庄稼,于是就在庄稼地里放置烟熏或者腐烂的红鲱鱼,达到扰乱野狗嗅觉的效果,让野狗无法进入庄稼地捕猎。公关高手经常会出其不意地使用此方法,当你试图通过转移话题来回避自己的弱点时,你已经掉入了陷阱。

这是腾讯打得最为艰苦的一战,被影响的 2000 万用户,假使每个用户平均有 40 个好友,这就意味着 360 公司通过 2000 万用户影响到了 8 亿人,这是多么恐怖的事情。再晚几天,QQ 或许就成了战场上的尸体、传奇中的传说。

《左传·烛之武退秦师》有云,子犯请击之。公曰:"不可。微夫人之力不及此。因人之力而敝之,不仁;失其所与,不知;以乱易整不武。吾其还也。"亦去之。秦国爽约,决定不联合晋国攻打郑国,晋臣子犯向晋文公请战,晋文公回答子犯:"……用混乱的局面代替现在联盟的情况,不符合军事对抗的原则(不武),我们还是回去吧……"

腾讯显然不能放下心量"不武"360,互联网上的交锋鸣金收兵了,互联网下却还热闹一片。此后 3 年,腾讯和 360 双方多次对簿公堂。3 年后,腾讯赢来了一纸胜诉,可 360 早在大战隔年的春天就远渡重洋,赴美上市了。360 虽败犹荣,QQ 却赢得悲壮。

自愿放弃对抗并请求用户卸载 360 扣扣保镖的周鸿祎,更是赢得了英雄般的欢呼。他在 11 月 15 日发表《与其苟且地活着,不如奋起抗争》,其中写道:"在中国,互联网的竞争环境很恶劣。垄断势力不仅仗势欺人,用自己的市场地位欺负创业公司,甚至不惜牺牲用户的权益,强行胁迫用户卸载其他软件。这种垄断者肆无忌惮的霸道做法一天不改,互联网创新者就一天没活路,中国网民享受更多新、酷的服务的合法权益就会受到伤害。"

此时的网民不管是在情感上还是理智上,都一边倒地支持 360。他们不会忘记被 QQ 胁迫时的体验,那种店大欺客的感觉是如此不痛快,甚至有网民发帖调戏 QQ。

2010 年 11 月 3 日，腾讯逼迫用户卸载 360，如果 360 成功倒台，腾讯下一步计划：

卸了搜狗，改用 QQ 输入法，不然不让你用 QQ；

卸了旺旺，改用拍拍，不然不让你用 QQ；

卸了火狐、IE，改用 TT，不然不让你用 QQ；

卸了跑跑卡丁车，玩 QQ 飞车，不然不让你用 QQ；

卸了暴风影音，改用 QQ 影音，不然不让你用 QQ；

卸了千千静听、酷狗，改用 QQ 音乐，不然不让你用 QQ；

卸了浩方、VS，改用 QQ 对战平台，不然不让你用 QQ；

卸了支付宝，改用财付通，不然不让你用 QQ；

卸了人民币，改用 Q 币，不然不让你用 QQ；

卸了中国人民银行，改用 QQ 银行，不然不让你用 QQ；

……

腾讯帝国指日可待。

网民的愤怒与无助可想而知，腾讯一家独大，称霸武林，可以"挟天子以令诸侯"，网民只有听之、从之、任之、由之的份，而周鸿祎的剑气横指着实替网民撒出了不少心中郁气，这种敢为天下叫屈、奋起反抗的英雄主义深得人心。

这位侠客型的 CEO，总是让你有一种"奔放的人生，得不得意都须尽欢"的恣意。

美团网 CEO 王兴曾郁闷地问:"有什么业务是腾讯不做的吗?"而早在 2010 年 7 月,3Q 大战前 4 个月,记者许磊就在《"狗日的"腾讯》一文中写道:"在中国互联网发展历史上,腾讯几乎没有缺席过任何一场互联网盛宴。它总是在一开始就亦步亦趋地跟随,然后细致地模仿,最后决绝地超越。"腾讯终于可以改写迈克尔·杰克逊(Michael Jackson)的那句"一直被模仿,从未被超越"的名言了,因为其做到了"一直在模仿,总是在超越"。

然而,在物竞天择、适者生存的丛林中,弱肉强食随处可见。你不强大,总有强大者会来消灭你。

马化腾说:"只有后发才有力量,而且后发的成本和风险要低很多。"在资本市场上,逐利才是第一法则。可万千网民想到的是舒适、方便和自由,更重要的是知情权。公司之间互掐,爆出那么多猛料,让被蒙在鼓里的网民震惊——原来我们被你们当提线木偶耍呢。从这个角度来讲,无论腾讯在产品研发上和用户进行了多么深度的沟通,整体来讲都是不够的,用户想要知道得更多。所有不以用户体验为基础的产品都是伪产品,所有不以用户情感为基础的公关都是伪公关。

刘畅委屈的眼泪,让腾讯公关成了人们议论的热门话题。此事之前,腾讯的公关形同虚设——文稿像公文,没有丝毫感情,更不知往何处用力。一上战场,就被对方牵着鼻子走,只能按对方的节奏行事。

刘畅悲情一哭,让腾讯公关出了名。早在 2001 年 8 月,腾讯就遭遇过一次严重的公关危机——出台 QQ 号码注册收费制度,遭遇了网民和媒体舆论的一致抵制，舆论负面情绪一时之间像潮水般涌向腾讯，而腾讯手足无措。

9年后，腾讯再次遭遇严重的公关危机。但除了增加的眼泪之外，仍然是过于专业的解释和抓不到点的恳求，无法博得公众的好感和支持。腾讯公关仍然缺少感情，让人觉得冰冷。

腾讯上下关起门来做事的风格更像飞机里的黑匣子，外界只知道它的存在，却不知道它每天都在干些什么。突然的某一天，腾讯悄悄地干掉了一个对手，擦掉刀尖上的鲜血，去往下一个征途。

腾讯始终没有向公众说明360的做法怎样伤害了QQ，也无法用简单明了的话让公众明白自己受到的伤害到底有多大，更没有说明360扣扣保镖怎么在短短的3天时间内影响了8亿QQ用户。毕竟绝大多数用户都不是IT大牛，不懂腾讯的世界，而腾讯处处高冷，不如周鸿祎的言语接地气、体民心，让广大网民感到温暖。

3Q大战后，有腾讯用户评论称，腾讯不该流氓泼皮般地绑架用户，这是极度不尊重用户的行为。一战定乾坤，此役，腾讯寒了用户的心，也失去了用户的信任。

就公关之术而言，长期以来和用户及公众沟通不足是其主要的原因。正因为双方的鸿沟长期存在，腾讯对于外界对自己的看法、预期、可能产生的反馈等方面了解都不够，才会显得处处被动。①

这一战不是偶然，而是必然。不满与怨恨堆积到一定程度，必定如

---

① 节选自《X光下看腾讯》。

火山般喷发出来。长久以来腾讯对业界的攻城略地让人叹为观止,对公众的任意收费更让人心生反感。这种矛盾迟早要爆发,即使没有360。

这不是一时的对抗,而是互联网竞争白炽化的压力反弹。掠夺只会激发反抗,自以为是只会让反抗来得更激烈。

不懂平衡股东、用户、员工、政府和社会公众关系的公司,只注重产品而不和公众沟通的公司,还想要收获用户的支持,这不是天方夜谭吗?

据《X光下看腾讯》一书记载,腾讯员工王琰说:"一直以来公司对互联网上反对的声音不够重视,负面舆论没有及时消化,有点'你说什么无所谓,我做好我自己就行'的态度。长时间的积怨爆发,导致了舆论一边倒。大家理解的'一切以用户价值为依归'只停留在产品和业务层面,没有顾及用户的心理和感受,造成了其一边骂一边用的现象。在危机处理上,对技术层面考虑得过多,而对用户心理和舆论考虑不够。"

难怪人们说,腾讯只有用户,没有粉丝。

反观360,从一开始就全程透明。用户知道战况如何,知道为什么会发生这些,还知道360是怎么维护用户的,甚至知道360受了什么委屈。360一条动态、一条动态地更新,周鸿祎更是在新浪微博上与用户直接互动,公关文发得简洁清丽,从用户角度出发,舍小我而为大我,情感到位,感染得读者连连称是,所以才会有用户拔剑宣誓:360,你无数次保护了我们的电脑,这一次,换我们来保护你!

马化腾从没与周鸿祎在微博上过过招,甚至整个腾讯高层都没有人站出来,他们指示公关部"什么也不许说,但不能出负面新闻"。腾讯的技术男们不知道也想不出来怎么和用户讲明白他们眼里常识般的技术,最终他们拉同行站台，组成联盟，以为支持他们的同行越多，就越能证明他们是正确的。这让用户更加愤怒了，进一步坐实了腾讯以大欺小、呼风唤雨的行为。

危机发生时，将公关视为救火队员，无疑是对公关的最大误用。一个人能否以善意的态度和平和的心境去接纳别人，决定了他一生是否会有成就以及成就的大小。当你试着从对方的角度出发，而不是将自己的想法强加在别人身上时，你就会从心底获得一份淡然和宁静。

野蛮生长的腾讯长到 12 岁，被 360 打得措手不及，这时才意识到媒体口中"最神秘的公司以及最难采访到的 CEO"有可能不是褒义的，而是媒体表达心中不满的方式。

第三节　腾讯公关的三大症结

3Q大战的爆发,不是一个点的爆发,而是诸多问题的集中爆炸。否则,不会有如此大的杀伤力。不可否认的是,受伤的腾讯需要"医治"。分析病因,"生病"的腾讯有三大症结所在:

1.掩耳盗铃

3Q大战后,腾讯CTO(首席技术官)熊明华、副总裁李海翔等都不约而同地用"12岁的孩子"来形容腾讯。但实际上,12年对于一家互联网企业来说,时间已经足够长,而腾讯也已经成长为一个庞然大物了。这一认识上的差距,可能导致截然不同的公关方式,影响腾讯的定位。

互联网领域最大的企业,或者说最牛的企业,一定不会只着眼于自己如何做出更多产品,而应该考虑如何将互联网连接起来,通过开放平台推动整个互联网产业的发展。

腾讯,在体量上堪称最大、最牛,但在对自身的认识上似乎并没有与市场达成一致。腾讯的核心决策层对整个产业和市场存在一种错觉,这种错觉就导致了公关变成消防员,哪里烧起来了,他们就去哪里救火。当整个互联网都在发生变化,整个产业链正在快速从封闭走向开放,腾讯仍然略显固执地坚持己见。

在这件事上,腾讯落下了两个话柄。首先,腾讯没有一个行业领导企业的觉悟。它不仅是一个最大市场份额的占有者,还应该是一个市场规则、市场秩序和市场氛围的建设者,这种建设本身应该既有利于自己,也有利于整个互联网行业的发展。但腾讯当时的思维更关注如何利用自身的优势抢占份额,把自己的优势变现为市场利润。在开拓新的市场空间、建立有秩序的游戏规则和改善市场环境等方面,腾讯做得非常有限。

3Q大战的爆发就是一个集中体现。众人指责腾讯冷血,缺乏对整个行业建设的付出。

事实上,腾讯真的如此无情吗? 它只是把力都使在了产品上,使在了满足用户的需求上,忽略了外界的声音,从而导致社会品牌和公众品牌塑造失败。

公关有一条最基本的要求,就是每天搜集来自传统媒体、网络媒体等平台的言论,无论是正面的还是负面的,要全面了解外界对公司的舆论走向。

这说起来是一件日复一日的枯燥工作,但却实实在在有助于把握公关工作的方向。在"诊断腾讯"论坛上,腾讯多次被人指出缺乏跟公众的沟通,缺乏对外界声音的倾听,很少去关注社会对自己的看法。

这或许和创始人马化腾的个性有关,他是一个执着于产品的人,他对于技术的热爱,对于用户体验的洞察,是很多公司望尘莫及的。但同时,他又是一个"无趣"而低调的人,这可能在一定程度上决定着腾讯的公关风格,往往是在需要公关的时候才出现,而不会主动和外界沟通。

2. 美誉度缺失

腾讯公关在营销品牌上的第二个问题也非常致命,即只有知名度,缺乏美誉度。社会品牌的塑造包含两个方面,知名度和美誉度。道理很简单,要做到两者兼顾却并非易事。对于腾讯而言,知名度不在话下,但在美誉度方面,至少在 2010 年以前是令人担忧的。

美誉度的形成,是消费者在综合自己的使用体验和所接触到的多种品牌信息后,对品牌价值认定的程度,代表着消费者对品牌整体的心理感受和情感认同。腾讯,以及很多像腾讯一样高速发展的中国企业,都面临公众美誉度失衡的问题。

曾有人用一句话一针见血地总结:"腾讯是一家只有用户、没有粉丝的公司。"这很生动地诠释了腾讯的高知名度和低美誉度。

知名自媒体人罗振宇说过,工业时代的品牌传播,是把一堆事实压缩成一个点、一句话或一幅图,然后在电视或杂志上买一点注意力,以实施自己的品牌传播;而在体验经济时代,品牌传播已经变成瞬间认知和联想的过程,用一个词定义一个品牌已经变得不再重要,重要的是构建一个联想群和制造情感经济。工业时代的品牌传播,应该定义为传播的初级阶段,它是吸纳用户的手段,而在体验经济时代,粉丝的积累则要依靠情感经济。

显然，腾讯的品牌传播停留在了工业时代，除了一些必要的产品宣传以外，我们很难回忆起 2010 年以前还有哪些关于腾讯的好的、坏的、有趣的、恶搞的段子在网络上流传。

工业时代的传播是传播的基础，但在消费形式日益丰富后，消费者的观念也在转变。过去的购买或使用行为是依据理性判断来实现的，但如今发生的消费事件，90％～95％都是依靠情感来做判断的。

什么叫情感判断？说得简单直接一些，情感判断就是一种关系判断，不依据客观事实或缜密的逻辑，而是全凭你我之间的关系如何、你给我的感觉如何。如果用户对产品尚存质疑，那么无论产品被夸得多么好，客观事实多么理想，都不足以构成用户选择的理由。反之，只要用户认同了产品传递的价值观，即使产品不是性价比最高的，他们也愿意为信仰买单。

当时，腾讯与用户之间的关系，仅仅依靠产品来维系，感情链是薄弱的。所以，无论产品团队把 QQ 这个工具磨砺得多么精良，让用户用起来多么顺手，在用户的心里，它依旧只是一个工具。

相较之下，苹果比腾讯领悟得更早。从物理属性来看，iPhone 只是一台手机，无非就是一个工具而已。但为什么全世界的年轻人趋之若鹜？因为乔布斯就是用情感经济取代理性经济的崇尚者和身体力行者。iPod 设计师乔纳森·艾维（Jonathan Ive）曾说："产品必须具备能释放人们潜在情感的东西，才能备受欢迎。"

基于这种理念，苹果的产品设计包含了很多情感因素，例如"软糖"和"五味"iMac G3，五彩缤纷的 iPod nano 和 iPod shuffle。即使是苹果的经典白色,也具有产品语意学的含义,象征着放松、干净、自由、享受、私密、贴近等。

苹果的广告是其传递情感体验的主要方式,iPod 产品曾经发布过一系列剪影广告,广告以鲜绿或魅紫的时尚色彩为背景,黑色剪影人物随着动感音乐忘情舞动,永远不变的画面视觉中心是白色的 iPod。

这些广告采用的音乐具有很强的感染力和煽动性,与跃动的剪影一起吸引着人的耳朵与眼球,使人情不自禁地沉浸其中,与广告中的人一同沉迷忘我。iPhone 在中国上市后,也随之发布了电视广告,其不仅凸显了 iPhone 3G 的视频通话功能,而且饱含了人与人之间的情感交流,让人不禁动容。

同时,苹果还是最早注重在明星身边曝光的品牌。2002 年 12 月,iPod 推出明星签名的机型,签名明星包括麦当娜、贝克、托尼豪克等;iPod 曾经出现在奥普拉的脱口秀节目上;在西班牙足球豪门皇家马德里队的中国之行中,贝克汉姆身挎 iPod 轻步而行的画面赫然可见。当粉丝有机会与钟爱或崇拜的明星使用同款手机,而这个成本并没有高到他们不能承受时,很多人是不会拒绝的。而当粉丝都能说出一个品牌所代表的是怎样一种风格与情怀时,他们就很难不为这个品牌买单了,哪怕它的性价比并不是最高的。

腾讯在注重产品细节的时候,却忽略了将自身与外界沟通的桥梁打造得更加精致。早期的产品,例如 QQ 和它的衍生品 QQ 秀、QQ 空间等,都缺乏情感的共通性,但这些产品本身应该是具有强情感输出的。

3.一片好心化为灰烬

腾讯公关在这一时期的第三个症结,其实和上一个有许多相似之处。当腾讯与用户之间缺乏感情基础时,想以自以为是的道理、逻辑或证据去说服用户理解自己、相信自己、支持自己,几乎是不可能的。

　　显然,腾讯的公关并没有意识到这一点,他们一直以自认为正确的方式与用户、媒体、大众去相处,甚至有时候表现出傲慢的态度。业界人士曾描述,我们经常会碰到腾讯兼并收购跟投资部的人,他们出去谈判,普遍态度高高在上,报价经常是财务投资人的1/10,甚至更少。再加上腾讯对于外界的"风言风语"常常采取忽视的态度,向外界传达的整体印象是"你说什么我无所谓"。当3Q大战爆发的时候,对外的发言又是明显的腾讯风格,将自以为清晰的逻辑、铁铮铮的证据和为了用户信息安全着想的出发点一条条罗列出来。

　　腾讯原以为会获得用户的认同和支持,却没有想到迎来的是嘲讽和叛离。企业如果得不到用户的心,即使把道理说得再通,把逻辑讲得再严,公众也会给你贴上一个"忽悠人"的标签。那时候,所有的道理都被称作狡辩,语言逻辑瞬间化为乌有。

　　以上三大症结,单独任何一点存在都不会对腾讯的对外形象造成剧烈冲击。但不幸的是,腾讯三点都中招了。对外交流的窗口不主动去获取或分析外界的声音;一味沉迷于扩大知名度,而不考虑美誉度,无法意识到自己在他人的眼里究竟是什么样的形象;产品经理、投资部门,甚至决策层,按照一成不变的模式去发展、生产、谈判。在这样的情况下,3Q大战的爆发,对腾讯来说其实是一件好事。当企业觉得被用户、媒体乃至全世界抛弃的时候,才会去反思:到底我哪里做错了?

第四节　我思故我在

王阳明在《传习录》中说："悔悟是去病之药，然以改之为贵，若留滞于中，则又因药发病。"人非圣贤，孰能无过？知错能改，善莫大焉。这就是人生。吾日三省，悔悟改正，且不把悔恨留在心中，才会成长。

3Q大战对腾讯的打击是空前的，甚至部分地改变了马化腾的性格。他开始反思自己的不足，开始反思一直以来的追求是否正确、是否适应这个时代。他决定以开放的心态迎接改变。

2010年11月6日，马化腾主动邀约深圳的4家媒体做专访；在接下来的1周里，他又接受了3次媒体群访。他突然变得特别喜欢跟人交流，他请媒体专家到总办会上来分享公关与沟通的技巧。学说话，学表达，学展示，让别人明白你的所思、所想、所为。

11月11日，在3Q大战停战后1周，正是腾讯12岁的生日。这天，马化腾在欢声笑语的热闹欢腾之后,独自回到办公室,写下了一篇改变腾讯走向的邮件。

亲爱的同事:

就在 2 个小时前,我刚刚离开腾讯公司成立 12 周年庆典现场。在庆典现场,我更多的是强调感谢,感谢兄弟姐妹们 12 年来与公司的相守,感谢危难时刻大家万众一心的坚持。但是此时此刻,重回到自己的办公室,我还有一些思考想要分享给大家。我是一个不善言辞的人,所以选择邮件的方式与大家沟通。

公司成立以来,我们从未遭到如此巨大的安全危机。这段时间,我们一起度过了许多个不眠不休的日日夜夜。当我们回头看这些日日夜夜,也许记住的是劳累,是委屈,是无奈,是深入骨髓的乏力感。但是我想说,再过 12 年,我们将会对这段日子脱帽致礼。

作为公司领导人,我个人有必要在此刻进行反思,并把这些反思分享给大家。

1. 这不是最坏的时刻

也许有人认为,腾讯公司正在经历有史以来最危险的挑战。但我想说的是,真正的危机从来不会从外部袭来。只有当我们漠视用户体验时,才会遇到真正的危机。只有当有一天腾讯丢掉了兢兢业业、勤勤恳恳为用户服务的文化的时候,这才是真正的灾难。

2. 也没有最好的时刻

12 年来,我最深刻的体会是,腾讯从来没有哪一天可以高枕无忧，每一个时刻都可能是最危险的时刻。12年来，我们每天都如履薄冰，始终担心某个疏漏随时会给我们致命一击，始终担心用户会抛弃我们。

3. 让我们放下愤怒

这段时间以来，一种同仇敌忾的情绪在公司内部发酵，很多人都把360公司视为敌人。但古往今来的历史告诉我们，被愤怒烧掉的只可能是自己。如果没有360的发难，我们不会有这么多的痛苦，也不会有这么多的反思，因此也就没有今天这么多的感悟。或许未来有一天，当我们走上一个新的高度时，要感谢今天的对手给予我们的磨砺。

4. 让我们保持敬畏

过去，我们总在思考什么是对的。但是现在，我们要更多地想一想什么是能被认同的。过去，我们在追求用户价值的同时，也享受奔向成功的速度和激情。但是现在，我们要在文化中更多地植入对公众、对行业、对未来的敬畏。

5. 让我们打开未来之门

政府部门的及时介入，使得几亿QQ用户免受安全困扰。现在是我们结束这场纷争，打开未来之门的时候。此刻我们站在另一个12年的起点上。这一刻，也是我们抓住时机，完成一次蜕变的机会。

也许今天我还不能向大家断言会有哪些变化，但我们将尝试在腾讯未来的发展中注入更多开放、分享的元素。我们将会更加积极推动平台开放,关注产业链的和谐,因为腾讯的梦想不是让自己变成最强、最大的公司,而是让自己变成最受人尊重的公司。让我们一起怀着谦卑之心,以更好的产品和服务回馈用户,以更开放的心态建设下一个 12 年的腾讯!

程序员式的思维表达方式最直接的好处就是条理清晰。

这是腾讯 12 年来第一次谈到开放。从"只要我们认真做,什么都能做好"到"过去,我们总在思考什么是对的。但是现在,我们要更多地想一想什么是能被认同的"再到"腾讯的梦想不是让自己变成最强、最大的公司,而是让自己变成最受人尊重的公司"。腾讯在这次与 360 的对战中学到了很多,也体悟了很多。

在接受《21 世纪经济报道》的采访时,马化腾被问到 3Q 大战对腾讯的正向作用还有哪些,他回答说:"正向作用挺多的。除了加快步伐、改变做事方式,还有就是统一思想,平衡相关利益。在此之前,腾讯内部有争议的声音,比如好的东西为什么要跟其他人分享?3Q 大战之后,这种争议不再有了,大家把这个危机变成机遇,加快脚步把正确的事情向前推进。"

11 月 17 日,马化腾出席了第 12 届中国国际高新技术成果交易会(高交会),他在演讲中说:"互联网在深入影响人们生活的同时,也带来了更多的机遇,开放和分享已经成为产业的潮流。未来,腾讯将尝试在企业发展中注入更多开放、分享的元素,更加积极推动平台开放,关注产业链的和谐。腾讯将以更加开放与务实的姿态,与垂直网站、应用开发商和独立开发者等产业链合作伙伴一道合作共赢,共同促进中国互联网事业的蓬勃发展。"

未来已来,唯有改变和开放才更符合互联网的特性。开放平台,让更多的第三方应用开发商把 QQ 当成一个舞台。只有实现 Q+,才能让更多的人借助这个舞台实现自己的光荣与梦想。

马化腾竟然在之后的公众演讲中学会了幽默。男人一旦学会幽默,就代表着走下了冰冷的神坛。

此后,腾讯宣布进入长达半年的战略转型筹备期,并由公关部主导,在北京、三亚、杭州组织了 10 场"诊断腾讯"主题讨论,共邀请了 72 位互联网专家与会。腾讯放低姿态,求批评、求忠告、求建议,以向我开炮式的自我拯救寻求一条更光明的生路。

马化腾在讨论会现场说,不要给他留情面,可以提出严厉的批评。

《一代宗师》中宫二小姐说:"习武之人有三个阶段,见自己、见天地、见众生。"我认为,这三个阶段不仅专属于习武之人,做人、做企业都当如此。古往今来,成大事者皆懂得内观,只有看见自己,才能突破自己,只有突破自己,才能看见天地、看见众生,才不会独乐乐,才不会沉浸在狭隘的自我中。只有心中装有他人,才会懂得分享的乐趣,才会明白什么是共赢。

见自己的过程是痛苦的,是血淋淋的打破与重塑,但也是快乐的,有希望的荧光在闪烁。

3Q 大战让马化腾认识到,在中国的环境里,在互联网行业发展的长河中,只是考虑企业内部的情况已经远远不够。一家企业发展到一定的规模,会越发感觉到企业不是属于创始人、管理层、股东和员工的,更多是属于社会的,因为它的一举一动都会牵扯公众对业界的看法,牵连生态体系的连锁反应。

腾讯创始人之一的张志东,在腾讯诊断会如小学生一般认认真真地做着笔记,足足写了满满的3页纸。接替马化腾出任腾讯总裁的刘炽平也谈到腾讯的员工有点工作强迫症,开始的时候可能做得不错,但随着用户的需求越来越多元化、个性化,一家企业很难将所有服务都做好。

从创新到战略,腾讯进行了一次彻底的自我反省与蜕变。

陈一丹说:"腾讯很清楚自己的责任,我们的任何经营行为都可能会影响到上亿的用户,甚至会影响到整个行业的风向。只有得到用户的尊敬和爱护,才能确保腾讯未来的健康发展。"

在成为最受人尊敬的企业方面,马化腾有着自己的四个维度:

第一,腾讯的产品和服务要为大众喜欢和接受。也就是说,用户愿意把自己的个人信息、朋友关系、新闻浏览、商务活动都与腾讯的产品联系起来,能做到这样是第一步。

第二,腾讯要成为最受人尊敬的互联网企业,公司的盈利水平和收入规模要能够支持公司提供好的服务给客户,而且还要可持续发展,这是一个必要条件。

第三,腾讯需要一大批志同道合、有奋斗精神的员工,团队紧密合作。这也是腾讯成为最受人尊重的企业的必要条件之一。

第四,腾讯作为社会公民的一员,要对社会做出回报,把企业经营过程中的收入、利润通过多种渠道回馈给社会。当然,这种回馈绝不只是钱,而是要让使用腾讯产品的用户能够利用腾讯搭建的平台便捷地和社会上需要帮助的人建立联系。

产品—发展—员工—回馈,这是一个生态的循环。自身达到良性的生态循环后,才能释放更大的能量反哺社会。长期以来,腾讯的低调务实让它把握住了很多机会,"做互联网的水和电"是其长期以来的追求,然而这个应用导向却不能引导腾讯登上受人尊敬的互联网企业的舞台。

如果说 3Q 大战让腾讯选择了开放以破解封闭,那么共生才能破解垄断,才能将"走自己的路,让别人无路可走"变成"一起携手,让别人走得更好"。腾讯首席战略投资官刘炽平有着比其他人更为敏锐的投资嗅觉,他查看了腾讯的投资历程,发现在较长时间内,腾讯的投资并购几乎全都是控股或全资收购式的。这种连人带产品的兼并纵然能获得绝对的主控权,但也存在较大的封闭隐患。看到了问题之后,刘炽平将腾讯投资路线定为参与式的——一起成长,拒绝占有,共同生长。这才是开放的最高境界。

腾讯共赢基金的成立就是对这一理念的最好诠释。之后的几年里,汽车交通、本地生活以及电子商务是这一基金最主要的投资项目,它们分别占到了投资额的 33％、16％ 和 16％,全方位地覆盖了在线生活的范围,并延伸到了用户的现实生活中。

对自己有足够高的要求,才能赢得对手的尊重。

危机总是在最顺利的时候袭来,因为这个时候人处于最放松的状态,繁华自得会让人轻视一切。危机随处可见,它伪装成各种角色,趁人们不备的时候猛然出击,让人们在舒适中为自己的灭亡欢呼。但更多的时候，它和机会共生，当我们面对它、挑战它的时候，强硬的姿态会让它败下阵来。

　　清朝陈澹然在其著作《寤言二迁都建藩议》中有句名言："自古不谋万世者，不足谋一时；不谋全局者，不足谋一域。"这段话的意思是，不能从全局的角度考虑问题，即使治理好一方，也是微不足道的；不能制定长期政策的国家，一时的聪明是不能长治久安的。成长会带来很多快乐，也伴随很多烦恼。值得庆幸的是，腾讯在 3Q 大战中的悲壮，让其化危机为机会，选择用开放去拥抱未来。

第四章

开放力

在腾讯创立 15 周年之际,马化腾提出了"连接一切"的新概念。他把自己对互联网多年的感知总结为"连接"二字,用这两个字道出了互联网的价值所在。

"连接"的广度很大,对内,它维系着员工关系,对外,它影响着政府关系、媒体关系、投资者关系以及消费者关系等。"连接"的深度也很深,它决定着企业在消费者心中的形象、企业内部的氛围、企业获得投资的可能性。

这一系列可大可小的事情,一直以来都由一个团队在操持,它叫作公关。从公关的职责内容来讲,它即使不处于公司核心,也应该是极为重要的部门。然而长久以来的状况是,腾讯公关游离在公司核心区域以外,被市场部、销售部稳稳地踩在脚下。

这就造就了一种神奇的现象:公关的责任与地位不对等。这样的情况,出现在很多设立了公关部门的企业,大量独立公关公司的存在也能够对这一事实加以佐证。

公关的职责是连接，而公关工作的要领是开放。不基于情感建立的连接只是机械的工作。所谓情感纽带，是彼此双方在事件、利益、人物"结缘"的基础上，能够以开放的心态真诚相待，用彼此的信仰、理想以及专业的态度相处。

连接只是手段，照本宣科的连接只能将公关僵硬化，而事实上公关是一个相当活泼的领域。当从业者们和社会各界能够更深刻地认识到公关的魅力及价值所在时，公关应该散发出远超想象的魅力。

第一节　象牙塔变成玻璃屋

1903 年,著名记者艾维·李(Ivy Lee)在美国开办了第一家正式的公共关系事务所,标志着现代公共关系的问世。

19 世纪下半叶,美国由自由竞争向垄断集中,美国 3/5 的经济命脉都掌握在垄断巨头手中,这些垄断巨头分布在铁路、矿山、石油、金融等领域,他们为了自己的利益罔顾社会大众,无视公共道德,谋取暴利,这引起了大众的强烈不满,整个社会充满了对工商业的仇恨。

这时候,有一批充满良知的记者拿起了手中的正义之笔捍卫大众的利益,他们自发地组织起来,搜集工商巨头进行不法勾当的证据并报道出来。这是公关史上著名的"揭丑运动",也叫"扒粪运动"。

1903—1912 年,各种报纸、杂志刊登的此类新闻多达 2000 余篇,对工商巨头造成了强烈的冲击,许多资本家和企业因此声名狼藉。面对媒体、公众对工商业的"制裁",他们企图通过威胁的方式平息事端。

工商企业以"提出起诉,告新闻界诽谤"以及"不再参与相关报纸、杂志的广告投放"为条件威胁新闻界。在此法不奏效后,又以贿赂的形式组织起一些记者开办企业财团自己的报纸、杂志,对企业歌功颂德。

然而,这一系列方法并未使双方的关系有任何缓和或给民众带来任何好印象,反而民众对于财团和大公司的厌恶情绪日益加重。

最终,一个至今影响深远的主张被提了出来——说真话,讲实情。这得到了一些工商界开明人士的认同。"象牙塔"被"玻璃屋"所取代,"象牙塔"意指企业家们按自己的意图建成的一个个独立、封闭的企业,而"玻璃屋"代表着高透明度、门户开放的企业。

艾维·李被后世称作"现代公共关系之父",他所倡导的"说真话"和"公众应该被告知"被记录在其《原则宣言》之中。在上述事件中,艾维·李提出"说真话"的宣传思想。他认为一个企业、一个组织要获得良好的声誉,不是依靠对公众封锁消息或者欺骗公众,而是必须把真实情况披露于世,把与公众利益相关的所有情况都告诉公众,以此来争取公众对组织的信任。

显然,这一主张最后结束了轰轰烈烈、丑闻满天飞的时代,而艾维·李也在1903年开办了一家宣传咨询事务所,他成为向客户提供公共关系咨询并收取费用的第一位职业公共关系人员。

从社会意识到公共关系,艾维·李不惜以惨烈的斗争推倒"象牙塔",建立起透明的"玻璃屋"。公共关系最开始被提出,即秉承着将真实情况披露于世的原则。然而,随着这一领域的成熟、商业环境的复杂以及从业人员的与日俱增,最初的理念已经无法传达给每一个人。

公关关系需要的不是墨守"开放"二字的陈规,而是与时俱进,赋予"开放"更迭变化的新意义。

艾维·李心中的公关是将企业、组织的真实情况披露于世,企业、组织通过真诚而坦白的态度获得公众的信任,赢得良好的声誉。我们可以看到,在现在的公关行业中,有很多优秀的从业者,他们不用红包和威胁与媒体打交道,而是用尽可能多的公司的开放信息去影响媒体。

1952年,纽约大学教授爱德华·伯尼斯(Edwar L. Bernays)出版专著《公共关系学》,此书被称为公共关系理论发展史的第一个里程碑。在该书中,伯尼斯提出,企业不仅要为社会及公众所了解,更重要的是必须获得公众的谅解与合作。企业只有获得公众的谅解与合作,方能得到稳定而持续的发展,才不会被意外事件所击溃。

在公关策略上,他主张一个企业或组织在决策之前,应首先了解公众爱好什么,对企业或组织有什么要求或期望,在确定公众价值取向与态度之后,再有目的地着手工作,以迎合公众需求。

综合艾维·李和伯尼斯两位大师的观点,企业公关有两层含义:第一,公关是企业主动与公众沟通交流的活动,其信息传播讲求准确、快速,强调的是企业自发的传播行为;第二,公关需要根据公众的喜好采取行动,以迎合公众需求,达成良好沟通的目的,强调的是公众的核心地位。

公关可以同媒体共同探讨一篇报道的选题方向及新闻点,帮助媒体更好地梳理思路,帮助新闻报道更加专业、实用,在为企业做好外宣工作的同时,也切实让社会大众获得更多有用的信息。

这是皆大欢喜的局面。然而,略显遗憾的是,公关在之后百余年的发展中,太容易听命于商业利益的指挥棒。这似乎是个无解的困局,公关部门通常是一个财团的组织架构之一,它得服从财团的统一目标。即使是一家独立的公关公司,也是以购买服务的企业的利益为优先考虑对象。无论是何种,都不允许公关人单纯以"说真话"为第一要素。不是他们不愿意,而是商业环境不允许。

中国的公关起步要更晚。20 世纪 80 年代初中国才刚刚引入"公关"的概念,出现了相关的从业人员。最早接触到公关概念的区域,也是深圳一带的沿海地区。直到 1993 年以后,公关部门才开始渗透到越来越多的企业当中,职业公关公司才开始出现。对于一个有百年历史的领域来说,中国才刚刚触碰到它。

如今风头正盛的互联网企业,不少都创立于 1995 年之后,许多老资格的实体企业在与互联网新贵的厮杀中已经淡出历史。也就是说,在中国,真正拥有完整的 30 年或更长公关历程的企业,为数甚少。

时间对于公关的意义在哪里呢?公关部的地位远不如市场部、销售部的现象,与时间不无关系。任何一个以赢利为目的的企业,建立之初必须存在的部门包括销售部、市场部,还包括法务部、客服部,这决定了他们在企业里的话语权和地位。公关部出现的时间晚,存在的时间短,有些企业甚至还没搞明白公关到底是干什么的。

当遭遇了负面消息,公关就被推到最前面,公关部门的负责人成为负面事件的新闻发言人,但也许引发负面消息的整起事件,公关部都未参与其中。这又如何能够要求公关部门在危机爆发后立即起草出令人信服、足够摆平舆论的发言稿呢？

在公关人的眼里，在那场混乱的 3Q 大战中，腾讯公关部总监刘畅的一席发言，相比很多企业的危机公关，已经做得很好了。

从事公关工作的人难免会回应不当、回应不及时，原因是多方面的。固然，公关从业者本身具备的经验和能力都不甚丰富是其一，这也与另一个重要因素——公关在企业中的地位有密切关系。

公关的地位、职能和角色应该改变，公关人员即使不是美剧《白宫风云》里展现的白宫新闻发言人的角色，也应该是举足轻重的。公关人员要介入重大事件的处理和决策，而不能只是擦屁股的人，或者只是新闻发布会上鞠躬谢罪的替罪羊。

第二节　互联网＋公关

这是一个最好的时代,也是最坏的时代。

过去,我们说企业要开放,公关工作的要领也是开放。然而,很多的开放都流于表面。公关是企业的传话筒,把企业愿意展现给公众的一面,并且一定是积极正面的一面传递出来。他们通过新闻稿、媒体活动、新闻发布会等方式,与社会、与媒体、与公众进行频繁的接触,但这样的"玻璃屋",在公关的捍卫下,虽一尘不染,也充满了距离感。

这实实在在起到了连接的作用,但这样的连接,是一段没有情感基础的关系,随便一点小摩擦都能够将这段关系割裂。苦心经营的关系,怎么说变就变? 这多么像是在 3Q 大战中伤透了心的腾讯。

事实上,3Q 大战以前,腾讯和媒体的关系不外乎利用与被利用,与用户的关系也就是工具与使用者。基于这样的关系,当事件爆发时,媒体自然会毫不犹豫地选择更加劲爆的新闻点,用户也会首先考虑自身的利益。

模仿"开放"的形,做的事情却只是连接,这也是许多公关正在做的事情,但却发现越来越做不下去了。为什么呢?因为越来越复杂的发声环境。互联网创造了更加丰富的发声渠道,各种论坛、博客、微博和其他自媒体每天都在生产不同的热点,并且不受控制,无法事前预知。

公关行业过去费尽心思维护的光辉形象开始出现锈迹。比如,控负(控制负面新闻)全凭运气,运气不好,负面新闻就跟正面报道一样多。删帖?容易激起更加强烈的反弹。总之,负面事件一旦爆发,就一定会像墨菲定律所讲的一样,朝着最糟糕的方向发展。企业精雕细琢的"玻璃屋"再也无法时时刻刻保持一尘不染了,那么,应该如何去掉不愿暴露在聚光灯下的瑕疵呢?或者说,应该怎么让这些瑕疵看起来不碍眼,反而更显真实呢?当下的公关人正在探索这些问题的答案。

在互联网大势下,开放的舆论环境迫使一直佯装开放的公关必须变得真正开放起来,这种开放不仅停留在信息上,还要体现在态度和思想上。

一些互联网企业在处理危机事件时的幽默,让公众很受用。幽默是一种处世哲学,能够化解矛盾与尴尬。虽然危机公关只是公关的一小部分,但一些互联网企业的危机公关仍旧有许多值得深思和借鉴的地方。

2016 年,支付宝前员工冯大辉在微博上透露,支付宝 CEO 彭蕾已经开始担任阿里集团的 CPO,并猜测这是在为彭蕾接班阿里集团 CEO 做铺垫。这一传言迅速传遍了网络。

这则微博产生的影响有如下几方面：第一，对彭蕾个人的影响；第二，支付宝员工心态的变化；第三，阿里集团 CEO 接班问题变得复杂。要么辟谣，要么不理，这是最常见、最传统的做法。

但是，这两种方法在互联网时代都落了下乘。不回应当然不是一个好的处理方式，这会让阴谋论者杜撰出更多精彩的情节。那么辟谣呢？想想如今媒体的公信力，被他们否认的事情往往会被围观群众认为坐实了，辟的即使是真的谣，媒体的任何举动也会被解读为助谣。

阿里巴巴是怎么做的呢？彭蕾自己在内网发个帖，然后由支付宝的公关陈亮转到微博上。这一举动并不能阻止传闻的传播，但关键是这个帖子的内容，它比传闻更有料，加上了和孙彤宇离婚、复婚那一段，很快，这则"说明"就盖过了传闻。

以下为彭蕾回应原文：

马总辞任 CEO 邮件发出这些天，收到 n 多电话、短信、邮件以及网上冒出了 n 多言之凿凿的"新闻"。原以为闹腾两天就消停了，现在看来还没完没了了。既然躲不过，那就交代一下吧。至少不希望外界种种不靠谱的传闻误导我们的同事。

一、关于接任者

可能真的已经决定了，全世界都知道了，反正我是不知道。无论谁接任集团 CEO，我的任务都只有一个，帮助这个决定成为最正确的决定。

有些小八卦顺便扫盲，我在杭州商学院（现"浙江工商大学"）上学,在财经学院当过 4 年老师,马总既不是我的老师,也不是学校同事。我加入阿里是因为 1997 年我和孙彤宇结婚,他要随马总北上创业,于是我从学校辞职入伙,成了"随军家属"。

二、关于我的婚姻

淘宝网前任总裁孙彤宇是我丈夫,不是前夫。因为一些原因,我们曾经短暂离婚,但很快又复婚。离婚、复婚本是我们的私事,与公司没半毛钱关系,但现在被演绎为一段大义灭亲的"传奇"。

孙彤宇是我最佩服的人之一,带着一帮人把淘宝网从无到有做起来。他有才华,有魅力,相信很多老淘宝人并没忘记财叔及他和团队一起创造的那段快乐激荡的历史。孙彤宇是高我两届的师兄,我们有很多共同的兴趣,经历过婚姻的跌跌撞撞,但仍然彼此欣赏,视对方为生命的一部分。他现在安安静静地做着一些自己喜欢的事。尽管我不断提醒自己要淡然面对,但我对接班人这事把他和我的婚姻也牵扯进来,愧疚而愤怒。

孙彤宇离开公司的原因这些年一直有诸多揣测,"阴谋论"甚多。每个人最终都会离开公司,离开的原因真那么重要吗?耳听为虚,眼见也未必为实,真相不是靠盲人摸象得出来的,一切交给时间吧,都洗洗睡吧。

三、关于长相

都怪我一直觉得马总五官虽不咋地,但凑一起就是气质独特,很有范儿。但长相这事吧,美也好,丑也罢,说到底就一句话,我长什么样关你屁事。

犀利不失俏皮的语言,让众人乐翻了。此帖一出,看客蜂拥而至。到底谁要接班阿里巴巴的CEO?除了它的竞争对手、核心成员,这与网络上的大部分人没有多大关系,他们也不是真的那么关心这件事情的真假。网民需要的无非是谈资,越八卦越娱乐的谈资越好,于是,彭蕾就给了大家这个谈资。不得不说,这样的公关仗,的确精彩。

同样精通此道的还有网易。在互联网公关领域,网易的许多案例非常值得称道。

2012年年底,彼时微信尚未全面开花,微博正当流行,圣诞的气息正浓,微博上却燃起了一股硝烟。12月24日,新周刊微博发文,气愤地指责网易新闻客户端抄袭其文章,并配上长图解说,有理有据。很快,网易新闻客户端就抄袭问题发表了一封致歉信。

新周刊原微博称:连APP内容都抄袭@网易新闻客户端,你们的"娱乐BigBang(第五期)"全面抄袭新周刊官方客户端专题,除了不署名、无出处之外,生截硬接,颠倒乱插,全中国新媒体的智商都被你们拉低了!

网易新闻客户端在当日晚回复如下:

尊敬的@新周刊君:

我们已经看到了你的谴责声明。

我们第一时间核实了该文出产的所有环节,发现您的措辞实在是太客气了。该文不仅大量复制新周刊官方客户端的专题内容且无任何署名,而且编辑还擅自进行拼凑加工,导致该文从形式美到逻辑美两方面都完败原文。这种赤裸的抄袭行为令人发指,编辑在专业方面的修养也同样令人寒心。

抄袭从来不是"行业惯例","借用"二字绝对居心叵测。在一个最应该具备创新精神的行业,互联网上的任何原创都应该被予以尊重,哪怕只是一个心情签名。"抄袭"从来都不值得、也不应该被同情。

所以,当这样的行为出现在我们头上的时候,我们同样严阵以待。错了就要认,这是普世价值观。因此,我们致歉如下:

1.网易新闻客户端抄袭新周刊官方客户端内容一事属实,我们在这里对新周刊及其文章作者表示万分抱歉。2.涉事文章我们已在第一时间删除。3.涉事编辑将严格按照网易编辑流程相关规定进行严肃处理,无条件执行。……6.涉事编辑是正式编辑,绝非临时工。7.希望大家去手机应用商店下载新周刊官方客户端。

美国作家雷蒙德·卡佛有句名言:"你不是你笔下的人物,但你笔下的人物是你。"是的,如果连下笔都抄袭,那么也许我们注定是活在别人的影子里。

就当这是我们成长道路上的一次惨痛教训吧。

最后,新周刊君,我们真的很喜欢你们的内容。

@网易新闻客户端 2012 年 12 月 24 日

事情还没有结束!明眼人都看得出来,这是来自网易新闻客户端的一封致歉信,但整封致歉信行文巧妙:虽然通篇都在自我批评,但却难以令人心生鄙夷;虽然摆出了道歉应该有的低姿态,但却不会让人感到低入尘埃,卑微如沙砾。

经过网易公关的"妙手回春",这不像一封低头认错的道歉信,更像网易公关的一场个人秀。

因此,事件不出所料有了续集。指责其抄袭的新周刊当然不会允许网易占尽风头,该平台随后发文道:"道歉收到。若这份聪明不在公关而在内容,则必不至此。信写得机巧,而事情本质却因此被娱乐化。这也正应了新媒体的特性吧。另外,你喜欢的雷蒙德·卡佛还推崇过这句话:不要廉价的花招。与君共勉。"

显然,新周刊也在回应中表达了对网易处理的看法,尽管不满被娱乐化,但也无意再将事情闹大。对于公众而言,他们不需要真的去了解事情的全部、辨别好坏,他们只需要娱乐化的谈资。

网易巧妙地运用了网民的这种心理,在所有人都以为网易会站出来,义正词严地解释自己没有抄袭的时候,其反而大方承认自己就是抄袭了,还抄得不如原稿,这出其不意的一招令网民们的情绪高涨了起来。网易公关还在致歉信里对"临时工"一类的热点词汇插科打诨,还要无赖式地对新周刊表白,这又为严肃难堪的抄袭事件加上了一抹粉色。

事件后期,网民们的关注点早就变了。比如,许多人留言称:雷蒙德·卡佛那句"不要廉价的花招"用得极好!然而,这句话引用得好不好和网易抄袭事件有多大关系?这说明了一个事实,舆论的方向已经完全被网易的回应带偏了。

在此次危机中,网易不仅成功化解了抄袭带来的负面影响,还为自己塑造了一个"有态度"的新闻客户端的形象,这应该是令新周刊及很多人都始料未及的。一场抄袭危机在弹指之间化为一个娱乐事件,还不小心捧红了雷蒙德·卡佛——不知道他算不算是"躺红"呢?

支付宝和网易都通过巧妙的手段进行了话题转移,分散了大众关注的焦点。

那么,互联网大拿们是不是都生来能够玩转公关呢?显然并非如此。

时代在变,没有谁生来具备时代所喜爱的特点,都需要时间去学习、适应和改变。企业公关应该用好"企业自媒体"这个工具,它将重新定义公关,重新定义营销,也重新定义品牌。就像腾讯一样,在 3Q 大战中吃了大亏之后,腾讯在改变,腾讯公关也在改变。

与其他一些互联网公司相比,腾讯公关或许称不上是天生的强者,但腾讯最值得称道的地方在于,它敢于认识自己的问题,而且热爱学习,并且有改变自己的勇气和毅力。

第三节 做一个阳光少年

有什么是腾讯不能做的？

在 3Q 大战以前，腾讯在互联网创业圈里简直就是一个噩梦，每一个创业团队都害怕被腾讯盯上。这放在今天是多么不可思议的一件事情，为什么要拒绝一个互联网投资大鳄的"临幸"呢？因为那时候的腾讯，是互联网企业的搅局者、掠夺者和终结者。

腾讯非常善于模仿，从 OICQ 开始，它几乎推翻了一句为人所笃定的话——"一直被模仿，从未被超越"。可口可乐的这句广告词脍炙人口，流传多年，却被跨界的腾讯一朝改写。

QQ 游戏作为游戏平台的一个后辈，毫不留情地将联众拍死在沙滩上。联众是中国最早做游戏平台的公司，曾风光无限，出现过服务区爆满的盛况，并一度占有在线棋牌游戏市场 85% 以上的份额。在新浪、搜狐等门户网站亏损缠身的时候,联众是最早实现赢利的中国互联网企业,一时风光无限。

2003 年 8 月,腾讯 QQ 游戏第一个公开测试版本正式发布,在联众创始人鲍岳桥看来,当时的 QQ 游戏完全是联众游戏的翻版。仅仅 1 年时间,到 2004 年 9 月,QQ 游戏平台就将联众赶下了中国第一休闲游戏门户的宝座。与此同时,联众的业绩一路下滑。出售、转型,经历了一系列风波后,联众在中国网络游戏市场份额已不足 1%。腾讯则是另一番蒸蒸日上的光景,依托 QQ 游戏平台,腾讯于 2009 年第二季度超越盛大,坐上了中国网络游戏领域的头把交椅。

接近鲍岳桥的人士,多年以后曾描述,在北京知春路的一家咖啡馆里,鲍岳桥谈起当年腾讯对联众的围剿和逼迫,仍旧耿耿于怀。这个曾把搜狐和新浪都甩在后面的第一平台,或许做梦也没有想到,会以被模仿者的身份宣告阵亡。而模仿者呢? 如今是令人望尘莫及的大鳄。

2010 年以前,腾讯似乎是一家这样的公司:别人做的项目,只要做得好,腾讯就模仿,再依靠自己强大的资金实力和用户资源后来居上,让那些创业者去试错,而自己收割果实。用户不会记得是谁引领和开创这些东西,只会记得谁用起来更顺手、谁玩起来更带劲。

当年,腾讯就像一把利刃,收割之于腾讯,就像砍瓜切菜,所到之处一片哀嚎。甚至在创业者去找投资的时候,总是被问到"如果腾讯抄袭了你的项目,你要怎么办"这样的问题。尽管社会舆论不会放过腾讯,对腾讯和马化腾的各种指责不断涌现,但是这家封闭的巨头一直无动于衷。

　　原始项目的团队，如果在遭遇模仿时费时费力诉诸法律，先不论结果如何，就上诉所需的精力和财力就已经是难以承受的了。应对的第二种方法则是谨慎选择下一个项目，选择的首要条件就是腾讯没法做、腾讯不感兴趣。鲍岳桥在离开联众之后成为一名天使投资人，他的投资标的有一个鲜明的特点，只做腾讯不会做、不能做的项目。

　　在 3Q 大战前夜，也可以说是腾讯的"黑化"进入尾声的时期，它似乎也有心展开一些合作，但意愿并不强烈。毕竟，腾讯才是大树，别人都是害怕被腾讯瞄上的惊弓之鸟。

　　那时候的腾讯可以定义为强大，但腾讯的野心远不止于强大！马化腾和腾讯想做的事，应该用伟大来形容。但模仿永远无法实现伟大的目标，它只能不断改善用户的体验，却无法彻底改变！强大与伟大，改善与改变，一字之差，而后者才是腾讯的终极梦想！

　　3Q 大战是惨烈的，但对整个互联网生态来说，应该算是一件好事，至少给了无数互联网创业企业一席生存空间。腾讯也终于意识到自己的帝国太封闭了，于是大刀阔斧进行了战略上的革新。

　　从那之后，腾讯看到好的项目不再去单纯地模仿，而是去参与，去投资，去扶持！并且，腾讯开始推出了各种开放平台，比如 QQ 空间应用开放平台、微信公众平台等。这些行为不但大大促进了腾讯自身的发展，让腾讯真正开始搭建一个属于自己的生态系统，而且也让腾讯的公众形象大为改观。

　　随着腾讯本身战略的改变，腾讯的文化也在改变。这种精神层面的改变就需要公关出手,让崭新的腾讯尽快触及人们的内心,让那些因为3Q大战而流失的用户和潜在的伙伴早日归来! 腾讯,从一个阴郁的潜伏者走进了阳光,成为令人喜爱的少年。

第四节　秀出开放

"不要给我留情面,提出严厉批评。"这是马化腾在"诊断腾讯"系列论坛第9场上的发言。

2011年上半年,腾讯连续举办了10场"诊断腾讯"系列论坛,邀请了100多位专家为腾讯提意见。这一举动,被业界认为是一种态度,腾讯从闭门造车、故步自封到集思广益、群策群力,它开始向业界和用户传递一种从未有过的开放和反思。

2010年12月5日,腾讯步入为期半年的战略转型筹备期,转型的原则就是开放和分享。

2010年9月17日,腾讯社区开放平台上线;12月16日,腾讯微博开放平台上线。

2011年1月27日,腾讯宣布QQ团购将整合IM、SNS、支付等多个环节,并且正式开放 QQ 团购平台。4 月 17 日,腾讯 QQ 登录功能申请向第三方网站开放。5 月 16 日,腾讯 QQ 正式开放。

除了这一系列的开放举措,腾讯在这半年间还有多起投资:

2011 年 1 月 24 日,腾讯宣布成立腾讯产业共赢基金,预计投资规模 50 亿元;

2011 年 2 月 28 日,腾讯产业共赢基金和 Groupon、云锋基金共同出资成立高朋网;

2011 年 4 月 14 日,腾讯宣布设立影视投资基金,规模为 5 亿元;

2011 年 5 月 9 日,腾讯投资华谊兄弟近 4.5 亿元;

2011 年 5 月 16 日,腾讯投资艺龙 8440 万美金;

2011 年 5 月 30 日,好乐买宣布完成 C 轮融资,其中腾讯投资 5000 万美金;

2011 年 6 月 2 日,创新工场证实接受腾讯投资。

腾讯的实干精神和雷厉风行的做法确实值得学习和赞叹。马化腾在"诊断腾讯"中宣布开放战略后的仅仅半年时间里,腾讯就采取了至少 6 项开放政策,完成了 7 项投资。这些投资被人们看成腾讯开放的步骤之一。

当马化腾在"诊断腾讯"系列论坛上第一次提出开放时,许多人认为,这是腾讯自导自演的一场公关秀。在随后的时间里,腾讯开始陆续用行动证明,它不是"打嘴炮"。

2014 年 3 月,腾讯战略投资京东商城,并将旗下电商资源(QQ 网购、拍拍、易迅)打包给京东。这样的策略在腾讯投资滴滴出行、58 赶集集团、美团大众点评身上得以复制,尽管在出行、分类信息、O2O 等千亿规模市场领域内,腾讯不再直接出击,但联手各领域最强企业无疑为腾讯提供了前所未有的坚固护城河。

最典型的开放产品要数微信。微信与 QQ 存在天然的不同,QQ 作为一款 PC 端时代诞生的产品,它的诸多功能都是原生的,比如 QQ 游戏、QQ 音乐、QQ 秀等。但微信的附加功能却与此截然不同,公众号是微信的核心,而公众号的内容运营却不依赖于腾讯,而是交给了第三方合作伙伴,可以是企业,也可以是个体。这是开放思想的完全体现。

几年时间里,由腾讯投资和扶持的许多企业走向了新三板,由第三方企业、个人打造的微信公众号琳琅满目。至此,这场被外界称之为公关秀的大手术终于被正名!

腾讯的战略和文化都在 3Q 大战之后发现了改变,开放变成了战略的核心,强盗文化再难觅踪影,取而代之的是合作共赢。从某种意义上讲,腾讯公关如今能够直起腰杆说话,要感谢 3Q 大战带来的改变,如果不是腾讯本身战略和文化的改变,腾讯的公关之路将非常难走。

第五节　小马哥蜕变

领导的人格特点,很大程度上决定着企业的风格。从 3Q 大战就能够明显看出,360 是一家更懂遣词造句、更能煽动人心的企业,在周鸿祎极富英雄主义色彩的攻势下,腾讯始终站在舆论的阴影之下。

再来看看腾讯的总舵手马化腾。他是一个实用主义者,非常明白自己要的是什么。他有好斗之心,而且一旦有了目标,无论遇到多大的压力,他都会勇往直前,遇到对手,也会不惜一切代价和对方死拼。

马化腾(Pony)也有着安静腼腆的一面,是典型的技术宅,静下心来研究一件事情经常是手到擒来。在知乎平台上,许多腾讯员工都提及,自己在凌晨三四点时收到过 Pony 的邮件,并且对讨论的问题回复得非常详尽。马化腾有着与生俱来的实用主义特质,他一贯紧紧围绕战略需要进行资本运作,该出手时就出手,以快、准、狠的投资战略取胜。他专注于技术和用户体验，带领着腾讯一路高歌猛进。

这样的男人往往让人觉得极具攻击性，虽然事实也确实如此，但马化腾的外表又极具欺骗性，外界形容马化腾常常用到"儒雅""低调"等词语，还常有人惊叹于他的好皮肤。

儒雅与低调其实隐晦地反映着马化腾的不善言辞。据腾讯的员工描述，如果在电梯里遇到 Pony，打过招呼后 Pony 会礼貌回应，然后假装看手机。他的不善社交在圈内是出了名的。

2006 年秋天，北京某平面媒体需要一张马化腾的照片，一位年轻的实习生自告奋勇："我来搞定，我爸爸认识他。"但令这位年轻实习生没想到的是，这位外形帅气、气质出众的企业家不仅没有几张合适的形象照，能拿出来的还是几年前拍的，表情几乎都一样。与同时代的其他互联网大佬相比，这简直难以想象。

更夸张的是，2007 年，QQ 游戏在线用户突破 300 万人，马化腾出席内部庆功酒会和每个人碰杯，这才让员工们看清了他的模样。在此之前，他甚至会为坐电梯没被认出来而小窃喜。

2011 年以前，马化腾是真的不擅长也不喜欢面对媒体。但他是坚定的人，一旦认定一个目标，无论承受多大压力，都会竭尽所能去实现。所以，我们看到，一个从前在大众面前略显局促的马化腾，在竭力让世界更加熟悉他和他的小企鹅。

下定了决心，马化腾做的第一件事，就是接受采访，向外界表达！有一次，公司邀请了摄影师为马化腾拍形象照。为了符合他的性格特点，拍得更自然些，摄影师找来了一台望远镜，希望让马化腾这个天文爱好者轻松自如地面对镜头。

然而,当马化腾在办公室看到望远镜后,情不自禁地"咦"了一声,尽管家里的阳台上就摆放着一个硕大的天文望远镜,但它还是第一次出现在办公室里。

"那么,我该怎么做呢?"马化腾小心地询问道。

按照动作设计,他要把望远镜举到面前。但拍了几张照片之后,才发现手势不对。"反了。"他自己说。镜头前的马化腾显得有些稚嫩,紧张得连平日里非常熟悉的望远镜也拿错了方向。折腾了大半天,他窝在了圆形沙发里,松了一大口气:"我不像别人,天生就会这些。像和记者见面、演讲,对我来说都挺吃力的。"

虽然认为这件事情太消耗时间,但他决心要做,并把这当作自己不得不学会的一件事。

从 2012 年开始,马化腾每年都会给开放平台上的合作伙伴写一封信。曾有业内人士统计,在这四封信加一篇演讲(总共约 1.5 万字的内容)中,马化腾提及最多的关键词是"开放",达 84 次;其次是"合作"和"用户",分别为 67 次和 65 次;其余高频关键词还包括"伙伴""创业""创新""连接""生态""未来"等。

马化腾开始和他的伙伴们频频出现在各大媒体;而腾讯则在其合作伙伴大会上,一口气宣布了开放腾讯朋友、QQ 空间、腾讯微博、财付通、电子商务、腾讯搜搜、彩贝以及 QQ 等八大平台。

在 2016 年的一篇报道中,有这样一张马化腾的照片,他穿着他所钟爱的蓝色衬衣,躺在小企鹅堆里。这种动作对他来说应该难度不小,但脸上绽放的笑容,不僵硬,也不过分,恰到好处。如今的马化腾,即使性格上仍然难以热衷于社交、演讲,但也已经成功树立了自己的企业家形象。

第六节　从《王者荣耀》看腾讯新公关

2017 年 7 月，腾讯公关迎来了 3Q 大战后的又一次大型危机。获得市场高度认可、成为国民级手游的《王者荣耀》，引发了与道德相关的讨伐。未成年人沉迷于这款手游，使得手游制作方先是被家长、老师们怒怼，紧接着又被各大媒体痛批。

在媒体中扛大梁的官媒人民网四天三批《王者荣耀》向社会释放负能量，并呼吁监管升级；与其遥相呼应的是社会舆论，主要是以家长为主的舆论对《王者荣耀》的一致抵制。

舆论对《王者荣耀》的突然暴击，对腾讯而言可以说是措手不及，但时间和股价都不允许他们有半点犹豫。6 年前的大战还在每一个腾讯人的心中，当年还只是企业与企业之间的矛盾对冲，而这一次，矛盾直接上升到了道德、教育的层面。这两个在中国相当敏感的话题，令腾讯更加严阵以待。

面对舆论压力，《王者荣耀》的制作人李旻通过微博发布了一封公开信，言辞切切，谈他对《王者荣耀》的感情，谈《王者荣耀》被社会批判后他的委屈，也谈他的担忧。他表示，身边同事的孩子每天花在《王者荣耀》上的时间太多，即使作为游戏圈的父母，仍然会为此感到担忧。

这里简单引用部分李旻在公开信中的内容：

其实，许多家长和老师的担心，我们非常理解。有一次聚会，大家很自然又聊起了周围的人是如何喜欢《王者荣耀》。我突然好奇，问一位同事——一位小孩今年二年级的母亲——你家孩子打吗？这位同事很直接，"他打得太多了，最近为了不让他玩，手机都没收了"。

虽然笑笑就过去了，但我开始留心这个问题。我的同事很多已经为人父母，而我发现，游戏圈的父母，虽然对让自己的孩子玩游戏的态度一般比较开明，但只要孩子陷入沉迷和过度的状态，大家的烦恼与圈外人并没有区别。

我开始渐渐下了决心，必须要想办法在防止未成年人沉迷游戏这件事上做点什么。很简单，守护别人的孩子，就是守护《王者荣耀》，也就是守护我们自己的孩子。

游戏是有价值观的，游戏人是懂得情感的。我懂得对于中国人来说，最重要的情感，莫过于亲情。而亲情当中，最重要的情感，就是父母对子女的关爱。我充分体谅全中国的父母对自己儿女的这份爱，正如我们深爱着我们的孩子《王者荣耀》一样。它可能算是一款不错的游戏，甚至是一款好游戏，但还远远谈不上是一款伟大的游戏。一款伟大的游戏，需要更真诚的情感、更明确的价值观。

所以，我们去节制未成年人玩游戏，并不是要放弃什么。恰恰相反，这是一种建设。这是作为《王者荣耀》的父母的我们，需要为情感与价值观必须去做的建设。

尽管有评论说，公开信一开始表示自己理解父母们的担忧，但还是忍不住要诉说自己的委屈，透露着一种欲说还休的小家子气。但如果站在一个沉迷于《王者荣耀》的成年人的角度来阅读这封公开信，反而会觉得腾讯真实、可爱。

《王者荣耀》的用户有 2 亿左右，其中小学生比例并不高，大部分是成年用户。每一个看客都会有个人的思想，通篇强调自我或反思自我都容易令人反感，李旻点到即止的小情绪，相信为腾讯增加了不少的同情分。

公开信中首先表示，舆论所谴责的情况确实存在，在自己的身边就能遇到。而早在舆论谴责之前，《王者荣耀》就已经意识到问题的存在了。因此，腾讯接受批评，并承诺为所有的家长守护孩子。

《王者荣耀》会为这个问题给出一个行之有效的解决办法，但这并不是因为游戏本身有多大的问题或多么有害，而是制作方希望它是一个伟大的游戏。伟大的游戏需要有灵魂，能够连接情感，有正确的价值观。因此，游戏团队现在所做的事，是让这款还不错的游戏成为伟大的游戏。

　　这一番应对，在支持者眼中不卑不亢，在反对者那里仍然讨不了好。但这并没有什么不好，反对者很难一次改变，而支持者则会更加支持。

　　随后，腾讯宣布了史上最严的游戏防沉迷措施，即被称为"三板斧"的防沉迷措施，包括防沉迷、设备禁玩、实名认证等。具体来看，7月4日起，《王者荣耀》对12周岁以下未成年人每天限玩1小时，并计划上线晚上21:00点以后禁止登录功能；对12周岁以上未成年人每天限玩2小时。这是一次主动的让步，腾讯自断其臂的态度逐渐占据了舆论的制高点。

　　在上述铺垫之后，腾讯开始乘胜追击。腾讯网《大家》栏目密集涌现一些挑战央媒观点的论调，比如：学者胡泳发表了《切勿同青少年的生活方式作战》；著名教授葛剑雄则在腾讯《大家》栏目发表文章，站队腾讯；而认为"王者荣耀是孩子的社交工具"的心理专家唐映红，同样在《大家》发表言论。

　　与此同时，腾讯游戏频道也在持续释放正面信息，信息的论调主要集中在几个方面：一是论述防沉迷很难；二是站台新推出的防沉迷措施；三是呼吁学生家长负起防沉迷的责任。

　　从情感的输出，到及时的让步，再到专家、学者的站台，腾讯的一步步防御和反击，在力度和时间上都把握得十分到位。这与6年前的应对已经有非常大的不同。6年前的腾讯，有理有据，态度强硬，却缺少柔软和情感。对于用户来说，逻辑再强大，理由再充分，那也是你家的事，跟我没有关系。

　　3Q大战之后，腾讯要从封闭走向开放，许多人都拭目以待。在《王者荣耀》危机公关之后,大家有理由相信,腾讯已经理解了开放的内生含义——建立在情感之上的连接。

在和 360 的那场闹剧中,最为后世所诟病的,是腾讯罔顾用户的利益,用 QQ 就不能用 360,这一举措激发了本是看客的众多用户的抵抗情绪。

此次,当再次面对由第三方挑起的与用户之间的矛盾时,腾讯首先通过公开信的形式,以柔软的感情植入表达自己对父母的理解,同时也表达了自己对一手"抚养"长大的游戏的感情和自己的一些小委屈。这些言语的表达并不一定能够化解与父母之间的矛盾——小学生可能不会去看腾讯的公开信,他们的父母看了之后,态度或许也并不会有太大转变——但是,其余的绝大多数用户会为腾讯的态度鼓掌,还有很多压根不玩《王者荣耀》的局外者,他们的立场更加客观公正,他们会认为"腾讯是个有担当的企业"。

当然,不可否认的是,腾讯在此次危机事件中仍然有处理得不足的地方。比如,2017 年 7 月 2 日,腾讯《关于〈王者荣耀〉防沉迷上线公告》的结尾是这个样子的,腾讯有关负责人强调,"我们也呼吁家长抽出更多的时间陪伴孩子,让他们感受更多成长的温暖"。

随后,与腾讯交好的知名互联网评论人 Keso 表示:"一个怪罪游戏带坏自己孩子的家长,是一个不称职的家长。"两句话说得都非常有道理,但两句话不但无助于解决问题,反而给自己树了靶子。此时的呼吁成了对抗,更不用说直接指责家长不负责任了。这不仅没有解决老的矛盾,还有可能激发出新的矛盾。这绝非危机公关的初衷,也非危机公关想要的结果。

在腾讯 7 月 5 日的声明中,我们可以发现其中已不再有"呼吁"的字样,而是多了如何"能帮助家长"或"得到家长认可"的表述。相比对立式的"呼吁",这些表述才真的把自己和家长放到同一个战壕里,传递出正向的情绪。这一次,腾讯不再是固执己见的一方,它学会了事事先为用户着想,学会了情感沟通,也学会了用开放的态度来面对舆论。

这一仗,打得漂亮。

第五章

人才力

马化腾在回忆 2008 年汶川大地震时提到,当时腾讯所有的员工都在想方设法利用能够用得上的平台,包括公益网、在线支付平台等,开发在线捐赠通道。在 20 天时间里,中国有 30 万网民通过腾讯搭建起来的平台捐助了 2300 万元。

作为腾讯的员工,他们看着网络上不断飙升的捐款数和留言数,即使没有到灾区现场,也能够感受到四面八方的爱。这是以前总挂在嘴边的社会责任,危难时刻才让腾讯人明白,这份责任的重大。

面对灾难,腾讯人发挥出了强大的凝聚力,而这样的力量正是企业公关所需要的。许多话从员工嘴里说出来,就多了真诚,说服力也大大增强。企业公关的口碑宣传,除了借助用户之口,员工的口碑其实也很重要。

第一节　员工是最好的代言人

许多企业做品牌公关，耗费百万元请明星做代言人，或者凡推出新品必定大肆宣传。殊不知，在中秋节的时候给员工发月饼，组织员工每年一次旅游，给员工发红包奖励，这些看似不起眼的事情，其实都具有很大的公关价值。

公关应该是懂营销的，不仅营销产品，还营销公司形象、营销老板、营销员工。如今，越来越多的公关开始意识到这一点，所以我们看到，许多公司内部的传说、故事开始向外界流传。你以为这是偶然？幕后的推手即是公关。

让员工成为代言人，做得最好的是星巴克。星巴克的品牌价值之一，就是让人们觉得在星巴克工作是一件自豪的事情。从入职开始，员工就已经在为星巴克代言了。

尽管近几年中国涌现了多种咖啡品牌,但星巴克仍然是格调与小资的代名词。"我在星巴克工作,我是咖啡师。"任何一个星巴克的员工都不会羞于说出这句话,反而很乐于这样介绍自己。

如果谁因为没有在电视上看见过星巴克的广告,就认为它是一家不做广告的公司,那只能说,这样的结论太天真了。星巴克的广告,投放在更加精准的地方。很早以前,星巴克就开始利用伙伴(星巴克员工都被称作伙伴)来宣传自己了。

星巴克最喜欢招校园兼职伙伴(一般是招大一、大二的学生,兼职时间较久),每个伙伴工作满一定时间后每月能够获得 10 张免费咖啡券。实际上,星巴克的员工在上班的时候都能够免费喝到咖啡,10 张免费咖啡券对他们来说并不是非常需要。但是,公司又明文禁止将咖啡券拿去售卖,但鼓励赠予朋友、同学。

星巴克的兼职伙伴很多来自大学校园,大量的免费券实际上是给了这些尚未养成或正在养成喝咖啡习惯的学生。这些学生在正常情况下,是被三十几元一杯的咖啡拒之门外的,而从天而降的免费咖啡券让他们可以无后顾之忧地享受各种口味的星巴克饮料。这些大一、大二的学生几年之后将会踏入职场,变成有一定消费能力的白领,而星巴克则在他的整个大学生涯中就为他养成了喝咖啡的习惯,并成为他喝咖啡的不二选择。

如此,星巴克将广告费和员工福利合二为一,成本就是咖啡的原料,广告还精准地投放到了最有消费潜力的人身上。

在国内,有一个员工群体不经意之间走红了,成为行业和企业的代言人,他们就是快递员。

只需在百度简单搜索快递员,便不难找到一群出现在物流圈的知名人物。2014年,有位帅气的快递小哥在微博走红。网友"伊酱VV"在微博中晒出了一位快递员的照片,并在微博中兴奋地写道:"哈哈,快递小帅哥的照片我手快存下来了,想要的快来存吧。"该帅哥肤白,气质佳,五官颇有明星相。此微博也迅速被网友转发了万余次,这位快递小哥一夜走红。

还有徒手接下坠楼少女的快递哥姚腾飞,被媒体报道出了他更多的好人好事。比如2011年冬天,天气十分寒冷,姚腾飞在宁海火车站附近送快递时发现一位老人没有坐上车,在寒风里瑟瑟发抖,他走上前去询问了老人的地址,骑摩托车把老人送到了10里多外的家中。

类似的人物还有很多,而这些还只是通过传统媒体的传播方式塑造的一个个鲜活的快递员的形象。近年来,新媒体的玩法变得更加有趣。在微博上搜索快递小哥,会出现一个名为"快递小哥吴彦祖"的账号,他的粉丝有109万,他的微博有680多条,许多与快递相关的内容十分搞笑,比如短信:"你好,是快递叔叔吗?""不,是哥哥。""好的,叔叔我想寄个件。"

微博上还有很多收件人与快递员的搞笑对话,或许这些幽默是真实存在的,但一定不是常态。就像快递小哥吴彦祖,他的微博简介是"一个普普通通的快递员",但明眼人都很难相信,这是一个独立的快递员运营的微博号,其更有可能是与快递业有着千丝万缕关系的微博大号。

大众并不会去纠结谁发了这篇文章、谁建了这个微博账号,他们只是从这些快递人物的事迹和幽默的小故事中,改变着对快递员的看法。快递员的个人魅力,不仅代表他们自己,还代表着他们所服务的公司和行业,让用户感受到不同的快递公司所传达出来的不同的企业风格。

对于是否应该让员工成为代言人,许多公司内部存在过争议。许多公司十分忌惮社交媒体的兴起,员工的舆论又不好控制,管理层非常担心员工在平台上泄露公司的机密和丑闻。

但随着社交媒体日益壮大,覆盖到生活的方方面面,完全控制或限制员工在社交媒体上的言论是极其不理智和不人道的行为。因此,一些公司又开始商讨谁应该在社交媒体上代表公司发表言论。我们看到部分企业强制要求员工将官方的社交内容转发到自己的账号,也有公司禁止员工在社交网络谈及有关公司运营的任何话题,并仅允许指定的社交发言人承担这一工作。

事实上,这两者都不是最好的办法,最好的状态是平衡,企业需要在两个稍显极端的方式中寻找一个平衡点。社交媒体的发展应该对企业传播产生正面的推动作用,公司可以鼓励员工成为自己的宣传大使,并为他们提供相应的培训、支持和政策鼓励。

想象一下,在过去,只有公关部才被认为是官方指定的发言人,但他们说出来的内容,刻板、没有感情,这是不少企业公关的通病。如今,公关若能正确认识到传播过程中的壁垒,利用好社交平台,做好员工形象塑造和企业文化传播,应该能够事半功倍。

第二节　想炫耀的福利

近年来,国内的许多企业都开始大发员工福利,增加品牌的好感度。比如 WiFi 万能钥匙的 CEO 陈大年,在 2015 年重阳节借势营销,启动为父母"发工资"计划,发放"严父慈母工资",一封由陈大年写给全体员工父母的信被许多员工晒在了社交网络上。WiFi 万能钥匙还独创了"二胎教育基金",这一系列举动被员工晒在社交平台上,树立了鲜明的企业形象。

物质上的满足,是许多企业、许多 HR 对员工福利的理解。这样的福利是对的,但不是好的。

这样的福利可以从三个层面去看待。从领导的角度来说,他们给了员工自己认为的好东西;从员工的角度来说,他们需要的不仅是物质的奖励,还需要精神层面的享受,即能够获得企业对自己的关爱;而从公关的角度而言,他们更希望公司给员工的福利富有新意,能够引起话题,同时又有品位,让员工愿意自发去分享。

这样说起来,发福利也是一件值得推敲的事情。

腾讯,应该算得上是互联网,甚至整个国内企业当中,在员工福利这一块,遥遥领先的企业。腾讯的员工福利,包括了有情、有趣和时尚三个层面,能够让员工在物质和精神两方面双丰收,也能够满足公关对于传播的需求。

离职,在每个企业都是一个敏感话题。公司对待离职员工的态度,也很微妙。通常情况下,大多数企业对待离职员工的态度都是冰冷的,有一些可能图个好聚好散,腾讯或许是唯一一家在员工离职时要送上纪念版"金企鹅"和纪念工卡的企业了。一位从腾讯离职的员工在收到"金企鹅"之后颇有感慨,写下了一段文字:

腾讯把员工关怀、企业文化做到这样的地步,在我经历的为数不多的公司中是最好的。离职前不久还曾经接到 HR 的电话,说要推荐公司投资的几家公司的职位。无论你是否被感动,无论你是以什么理由离开这家公司,你可以恨你的团队,你可以恨你的业务,你可以恨你曾经的直属领导(必须说明我都不恨,而且很感谢他们),可是你无法对你离职的这家公司有任何恨意。

这勾起了我在"鹅厂"时体验到的种种贴心服务及强大的企业文化气场。以至于出来后,到新的地方感觉不会再有惊喜了,还跟人开玩笑说:"'鹅厂'把我给养傻了。"

　　在接到这些礼物后，拍照、发朋友圈是既定动作，不到半天的时间光"赞"就获得了一满屏，不知道是满足了自己的虚荣心，还是再次替"鹅厂"宣传、打广告。总之，不仅自觉自愿，也觉得自豪。

　　还是那句话，广告和员工福利，一举两得。曾有人问，如何评判企业文化的优劣？这个问题，可以从离职员工身上找答案，那些连离职员工都为它站台、替它说话的企业，文化氛围必定不会差。

　　在腾讯，离职的体验也许是最独一无二的，不是离职困难，不是遭遇公司的各种卡、拖、罚，更不是一拍两散、各自天涯，而是把员工当成用户一样去对待，体贴入微地由一个专门的团队开发并设计出办公系统的离职流程版块，详尽地涵盖了办理离职需要的各种手续。

　　在此版块上，离职人员需要提交的一系列信息、资料以及开具离职证明等程序，都可以通过电子化的方式来完成，极其简单方便。最终审批流程走完，只需要不到半个小时。

　　如果你身边有一个在腾讯工作的朋友，你会发现他在晒工作日常的时候跟其他人很不一样。其他人晒出来的是公司的报道、公司的优惠信息、公司的新品发布。当你看到朋友圈出现这样的消息时，心里会想"真惨，又是一个被公司绑架的朋友圈"。但腾讯员工的朋友圈里，是万圣节、圣诞节、新年腾讯办公大楼下组织的各种活动以及各种用心的布置。

　　对于互联网先锋人士来说，最不缺的就是创意。这些创意活动一经腾讯员工在朋友圈晒出，都能成为当下一个或大或小的话题。比如，在女生节的时候，腾讯的办公大楼下竟然出现了一只绑满红色气球的巨大高跟鞋。

每到五四青年节，腾讯的食堂更会以"致青春"为话题，在食堂布置能够引起员工共鸣的童年玩具、电影周边产品等，营造一种回忆的气氛。这个主题活动每次举办都会让很多员工自发拍照，并分享到朋友圈。能够这样用心关注员工感受的企业不多，这件事情让员工觉得自己被重视，自己比别人更加幸福，他们愿意分享。

类似的事情还有很多，包括腾讯会邀请一些明星到公司，让员工有机会跟明星面对面。2015 年，腾讯就因跟 NBA 合作，把快船队的队员请到了公司，引起了全体员工的轰动，大家争先恐后地与 NBA 球员合影。在世界杯期间，腾讯会为员工考虑，主动通知大家决赛的直播时间，并安排决赛的第二天早上不用上班，让大家可以安心看决赛。这样的事情，只要有在腾讯工作的朋友，一定会听说不少。每当有类似的事情发生，腾讯的员工们都会忍不住发个朋友圈，而下面的留言总是一致的羡慕。

口碑是最好的传播。在人人皆有可能成为意见领袖的时代，公关首先应该明白，传播不再局限于官方指定的出口，人人都可能是新闻的源头。公关更要帮助企业的领导层认识到这个事实，让如今盛行的强制转发风气渐渐褪去，还给员工更加自由的社交平台。在此基础上，企业应更加重视在日常工作中制造话题，用真情去打动员工，让他们自发地分享与表达。

第三节　腾讯人都是半个 PR

　　要说谁天生就会社交、天生就会传播，"传播学之父"威尔伯·施拉姆（Wilbur Schramm）会告诉你，没有这回事。所有的技巧都是需要经过后天锻炼而习得的。关于传播学，许多高校都有相应的专业和课程，受制于公关这个领域在中国存在的时间有限，很少一部分企业会有专业的对公关人员的入职培训。

　　腾讯在这方面走在了前列。2012 年，腾讯印制了《腾讯公关手册》，此手册仅限腾讯内部学习使用。网络上有一些关于这本手册内容的篇章，可以看出，这本手册是在向一本保姆级的培训素材靠拢，其中详细记述了如何应对上门采访的记者、如何跟记者建立联系、新旧媒体有何种不同，等等。公关部门在很多公司都算相对弱势的，而腾讯能够将公关部的培训工作做得如此细致，已是非常难得。这与腾讯有着完善的入职培训、员工培训体系密不可分。

2007 年，腾讯成立了腾讯学院，目的是帮助员工成长，并在 2012 年进行过一次升级。初入腾讯的新人，都要经过腾讯学院的洗礼。

"鹅厂"修炼法则第一条，学会清晰表达。腾讯员工之间的沟通很多时候涉及技术处理，如果问题的前因后果不交代清楚，会让后台技术完全摸不着头脑，不知道从何下手。同样，如果陈述太烦琐，增加太多无用的细节，又会耽误问题处理的时间，而腾讯的许多产品是非常讲究问题处理的时效性的，每出现一个日常的小问题，前端反应、后端处理需要在极短的时间内完成，不给用户的使用带来太大的不便。

所以，腾讯学院的讲师对腾讯新人们的第一条要求就是表达清晰，这包含了按照事件节点逐一展开叙述、补充必要条件、重要决策点前置叙述等。

"鹅厂"修炼法则的第二条，时刻保持思考。保持思考包含的意思很多，既要不断学习，又得心中有打算。对于腾讯的员工来说，每年 3 月和 9 月都是比较痛苦的时候，因为一年两度的通道晋级一般就在这两个月进行。3 级之前的晋级相对都比较容易，看的比较多的还是业绩和操作层面的项目，但 3 级对很多同事来说就是一道坎，这个时候对操作层面的关注会减少，更关注员工对工作和业务的思考深度。

很多工作一旦熟练起来之后就是按部就班，日复一日地重复。这对个人和企业来讲都是一件坏事，个人能力终止于此，无法提升，企业服务或产品停滞不前，没有创新。所以，每一家企业才会有岗位或级别的激励机制，鼓励员工往上走。

我所知道的腾讯员工，都非常重视自己的晋级，因为与晋级挂钩的待遇与荣誉都足够诱人，而晋级本身也是对自身的提高。有深度的思考并不是一朝而至，它需要员工们有意识地锻炼自己，看到事物多去想想它背后的逻辑和本质。

腾讯学院的一位讲师曾表示，他会有意识地去训练自己的这种能力，比如他和同事在腾讯园区看到一家健身房，有肤白貌美的大长腿美女在跑步。除了看到美女外，他还会想到，园区在这个位置的租金大概是200元/平方米，这里的面积大约有100平方米，也就是说每个月的租金是2万元左右。这家健身房采取的是 APP 下单预约付款，到店后扫二维码解锁进门，暂没有提供教练，也没有额外的费用。全店只有一个工作人员看店，假设这个工作人员的工资是3000元，且只有他一个工作人员能够每天看店8小时以上，不算器械损耗、折旧，运营成本为每月2.3万～2.5万元。现在的收费是每人50元/小时，那么，每天必须接待15个人付费锻炼（假设每人锻炼时间为1小时）。但这个健身房最多只能同时容纳10个人锻炼，这就意味着每天必须接待几波客人才能够保本。说起来，这是一个不够理想的生意。

日常生活中的思考深度，指的是每当你看到一家店、一件产品、一张传单，你都会去想这个东西背后运营的一系列流程以及它还有哪些可以改进的地方。运用到工作上时，就是你遇到一个问题、接到一项任务，能不能条理清晰地考虑清楚产品、用户、数据以及其与市场的关系，还有整个链条的重点在哪里。

其实这当中又包含了"鹅厂"修炼法则的更多内容，如认清事情的本质、有项目思维等。说起来，这些都是产品经理或者销售应该懂得的东西,但腾讯却将它们纳入了腾讯学院的培训内容之中。因为这些技能不仅产品经理需要,公关需要,行政同样需要,财务也需要。

一个好的公关必定是一个语言表达清晰的人,这决定了他跟媒体沟通的质量。一个懂得语言魅力的公关能够听出媒体的话中话;一个善于思考的公关能够抓住营销的重点,知道如何将公司的口碑传播与媒体的利益挂上钩,让自己的事情变成大家的事情,实现双赢……

腾讯的很多培训并不针对某个部门,而是面向所有人。比如会说话、会思考、会策划这些基本能力,每一个腾讯员工都需要具备,在此基础上公司再根据不同的专业提供更高阶的培训。这就意味着,当公关部需要腾讯全员一起配合宣传时,同事们不会掉链子,因为他们都很懂得沟通、交流,甚至很会打广告。

第四节　全民参与的公益

截至 2014 年,腾讯对外公开的员工数是 2.5 万人。腾讯除了通过员工福利、内部故事去潜移默化地影响更多人,还需要更多全民性的话题来制造新闻热点,不断强化腾讯的品牌形象。

可以说,即使所有员工都积极主动响应公司每一次的宣传需求,这对腾讯这种量级的公司来说,也是远远不够的。员工的时常分享确实为已经树立的有温度、有品位的公司形象不断加分,而真正要树立、发扬形象,还有赖于出色的公关事件的策划。

2017 年 8 月 29 日清晨,一个稀松平常的早上,朋友圈却出现了一些"奇怪"的东西。80％的人都在转发注有"腾讯公益"的画,每个人转发的画还不一定相同。

仔细阅读后发现,这些画都出自一些特殊病症(例如自闭症、精神障碍等)的儿童之手。通过二维码进入公益活动的 H5 页面,再在 H5 页面内选购小朋友的画。点击"1 元购画"按钮,最低出价可以是 1 元,最高可以输入 5 位数。购买成功之后,还可以将你想说的话通过留言的形式告诉作画者。再选择是将自己购买的画设为屏保,还是转发在朋友圈,将爱心传递下去。

就公益活动的内容而言,这并没有多少与众不同之处。但是,它为什么能够在短短 1 天时间内造成朋友圈刷屏的效果,以及短时间内筹集到 1500 万元,完成筹款目标? 这当中,还有很多值得回味的地方。

一方面,公益活动所依托的内容暖心而不卖惨。另一方面,人类是符合生物进化论的物种,而达尔文进化论的最基本理论就是弱肉强食、适者生存,一味地帮助弱者不是可持续的方式。我们愿意帮助有斗志、有能力的人走出困境,却不愿意无条件资助好吃懒做、等待社会救助的所谓"弱势群体"。

此次公益的帮扶对象,是一群充满生命力的小孩。虽然他们有先天残疾,但他们的画作能让人感受到明媚和朝气,人们愿意帮助这样的对象,并且自然而然地愿意去传递充满正能量的美好事物。

如果它只是一件美好的事情,并不一定具有很强的动力让公众去分享它。关键点就出现在这里:如何让这件事情成为全民的事情? 首先,以往的捐赠通道不如这一次的便捷,或许只是需要多输入一个卡号,但这也足以阻止很多怕麻烦的人。其次,以往的捐赠没有给予小金额捐赠者展示的平台。我们日常的一言一行,其实都在打造我们外在的形象,寻求外界的认同。公益本来就是一件有内涵和品质的事情,如果一个人做了一件为自己加分的事,无论事大事小,他的内心都希望得到外界的认可,这是人的本性。

"1元购画"公益活动恰恰完美解决了这个问题,这次活动通过一幅幅色彩鲜艳的油画告知朋友圈的各位,"我是一个有爱心的公益人士"。至于捐赠金额是多少,则不需要广而告之。

朋友圈的一条转发跟上一次新闻联播或出现在热门头条里有着天壤之别,但对于参加公益活动的人来说已经足够。

在人们脑海里,购画是一种艺术行为,是有格调的慈善,这种方式进一步刺激了公众的转发。献爱心的同时还能为自己的形象加分,这样的好事,谁都不会拒绝。

再来回顾一下这个公益活动的文案:"我的心中住了一个'小朋友',喜欢用画画跟世界对话。"这是参与者进入 H5 页面之后看到的第一句话。对于大多数人而言,童年少不了画画,有没有想过成为一名画家呢?或许很多人心中或多或少都有过这么一个念头。这样的一句话,直接将人拉回到那个充满梦想的童年,参与者的内心瞬间变得柔软。

"无意间,打翻颜料,幸好,也打开了微笑。"很多人被这句话蕴藏的情感击中了。有人对这句话的体会是,你无心的一个善举,可能就会改变另一个人的一生。也有人认为,这是人与人之间的缘分,基于每个人的内心都渴望爱与理解。刚好的出现,或许就有刚好的改变。

通过这个公益活动,腾讯将内部的理念发散为外部的行为。最初,腾讯的公关工作只着眼于传统平台,只知道刻板的公关套话。今日,腾讯通过自媒体平台就能导演一场全民参与的公益大戏。这样的成长和进步,我们有目共睹。

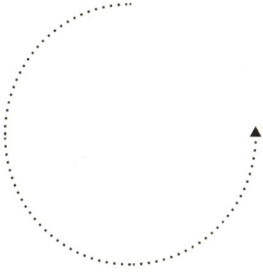

第六章

融合力

公关部应该是企业内信息最灵活的部门,它相当于信息的神经中枢。企业内外部发生的大小事件,公关部都应在第一时间知晓,并且采取相应的措施。

任何一场战役,成败的关键不仅在于实力的强弱,更在于是否有万众一心的团结气势,以及团队内的相互配合是否默契到位。一旦某个环节失利,就可能造成全盘皆输的局面。一场公关战也是如此,考验的是企业的内外融合力,内外配合完美自然能得到一个皆大欢喜的好结局。

第一节　从美国大选说起

在全球范围内，公共关系最成熟的国家当数美国。尤其是美国大选，堪称最华丽的公关战。每届选举"大戏"的每一个团队的公关运作，都有很多值得挖掘的点。从竞选团队铺开宣传，到布局拉选民，再到运用社交媒体工具，以及最后选举人的一举一动，都值得推敲。

美国民众对于选举候选人的公关实力，也积极关注，投入了极大的热情。美国大选对他们而言就好比一场四年一遇的全民大型娱乐节目，谁都不愿意错过其中的精彩。所以，选民的关注和候选人的行为更加真实地被记录下来，好比一个品牌产品的好坏，最后都通过公关活动一一展现，并与品牌的目标客户群体产生互动。

先来看看早期的美国选举。如果不是电视辩论的出现，或许尼克松根本不会输掉 1960 年那次美国选举。那是美国选举中第一次出现电视辩论,美国副总统尼克松和年轻的参议员肯尼迪在电视辩论中交锋。在这场电视辩论之前,大多数人都认为,尼克松能轻松赢得大选。不过,肯尼迪团队提前做好的准备改变了一切。

在辩论前,肯尼迪就派人到现场了解情况,工作人员发现打开灯之后现场特别热,于是为肯尼迪准备了一件特别薄的西装。在上台之前,肯尼迪也精心进行了打扮,做好了各种出现在荧幕上的准备。而刚动过膝盖手术的尼克松,不仅一脸憔悴地出现在荧幕上,甚至连胡子也没有刮。在辩论中,他不仅形象不够好,而且因为没有提前考察环境穿了厚西装而频频擦汗,让选民以为他在紧张。

最后,活力四射的肯尼迪在鲜明的对比之下反转胜出。这场辩论充分显示了公关行为在电视辩论乃至美国大选中的重要性,不仅包括选举人的外在形象、细微动作,还包括他通过媒体向大众传输的观感。

再来看看 2008 年选举,奥巴马是如何胜出的。在互联网和新媒体力量崛起的网络时代,奥巴马很好地利用了互联网。他在 Facebook 上与众多网民成为好友,并即时互动;在 YouTube 上大量发表个人演讲。通过网络平台,奥巴马建立起了亲民、谦卑和诚恳的形象。

从美国大选我们可以看出,时代的发展不断对公关提出新的要求。网民都有看热闹的心态,尤其是在大企业出了公关危机时,媒体有内容可报,观众有话题可看。

在人人都是自媒体的时代,每一个人都能助推公关事件的快速发酵。腾讯和其他企业一样,出现过许多公关事件,也在事件中逐渐积累了方法。

在互联网界，大众一直对腾讯的老对手阿里巴巴有着"公关天团"的美誉，这不仅是从每一次阿里的危机公关反应中得出的结论，而且以马云为首的管理层在每一次露脸时都非常适应公关环境。

高晓松在《晓说2017》评"三国梦之队"时调侃道："如果BAT三家合并为一家大公司，谁来当董事长？"提出问题后高晓松不假思索地接着说："当然是马老师（马云），因为马老师的雄才大略无与伦比。CEO是马化腾，产品、营销都做得好。CTO是李彦宏，天生当科学家的料。"

暂且不说这样的划分是对是错，我们换个角度想一想，为什么公众都知道马云的雄才大略呢？答案很简单，因为马云爱演讲。而听过其演讲的人，多数会被他影响。相较之下，擅长做产品的马化腾，演讲确实不多。

在媒体圈，腾讯整个领导团队都很少通过发表演讲、出席活动等方式进行品牌宣传和形象塑造。技术出身的马化腾有着典型的理工男性格，低调内敛，沉稳务实。相较口才出众的马云而言，马化腾鲜少面对媒体，几乎看不到他在聚光灯下风度翩翩，听不到他在演讲台上口若悬河。

而CEO对于公关部意味着什么呢？那一定是至关重要的形象代表、品牌文化代表，甚至是企业智慧代表。一位好的CEO同时是一位好的公关，可以为企业省不少公关费。然而，对于腾讯而言，马化腾曾经或许并不是好的公关。在3Q大战之前，甚至在互联网上找不到马化腾的踪影。但在2017年，人民网连续发稿指出腾讯出品的游戏《王者荣耀》的危害性后，马化腾第一时间拜访了人民网，不难看出最近几年腾讯的巨大提升。

第二节 内部融合之力

腾讯和阿里巴巴这几年的"仗"，来来回回打了几次。

2013年7月26日，微信实施公众号"整顿"方案，实际上封杀的微信营销账号里，有许多是接淘宝广告的公众号，这不仅在为微信营销铺路，也在扫除其他的障碍和威胁。紧接着，8月5日，"颠覆"的微信5.0版（iOS版）正式发布，该版本在功能上引入了微信支付。

阿里巴巴也迅速回击，7天后，对外宣布将在1个月内全面屏蔽外链二维码图片，如果商户发布外链二维码图片，将会被当作滥发信息行为处理。随后几个月，阿里巴巴又拉拢自己有资金投入的一些平台，一起抵抗微信，比如新浪微博、虾米音乐，并取消了分享至微信的按钮。

除了组成"抵制联盟"，阿里巴巴还在2013年9月23日正式发布了一款跟微信非常相似的产品,定位于熟人和朋友之间沟通分享的好友互动平台——来往,拥有语音和文字的基本通信功能等。在推"来往"这件事上,马云充分发挥了阿里巴巴一贯"狼性"的企业文化,给员工下达了明确的推广指标,只要有人联系他们就必须安上"来往",但最终马云的强推并没有换来"来往"的成功。

让阿里巴巴始料未及的是,2014 年春节,腾讯在微信上推出红包功能,让抢红包、发红包在这个春节成为一件停不下来的事。每个人手里都拿着手机,甚至连五六岁的小孩,也能拿着手机去拼速度、抢红包,所有人都玩得不亦乐乎。而在这场游戏的背后,暗藏着两大互联网大佬的争夺。

这一次,腾讯在公关层面的收获的确让人津津乐道。舆论导向浓缩为一句话,"微信一夜之间干了支付宝 8 年的事"。仅微信红包推出前几个月,马云还在阿里巴巴内部邮件中指示,要用"来往"把"企鹅打到南极老家去"。

谁会想到几个月后,微信仅仅用春节红包这样一个不花钱去推广的互动程序,就让支付宝在移动支付端的地位受到重创。那一年的微信红包盛况令人惊叹,马云称其为"被偷袭的珍珠港"。

2013 年 8 月,微信支付首先出现在了微信 5.0 的功能里面,这是腾讯要开始直接对飙支付宝了。事实证明,微信支付上线之后,两种支付方式之间的较量就开始了。

2014 年春节前,暗潮涌动。微信支付一直处于下风,其采取的是与银行卡绑定的方式,并主打快捷和安全牌。绑定银行卡后,用户只要输入微信支付密码,即可一键支付。

但遗憾的是,实际情况与微信支付团队设想的初衷并不太一致。2013年第三季度,微信上的月活跃用户达到了 2.72 亿。虽然微信拥有亿级用户,但开通微信支付对用户来说并没什么必要。一是用户习惯尚未完全养成;二是已经有支付宝在前,用户只将微信当作一个社交工具,并没有将其作为支付工具的动力。这是内忧,而外患则是京东、淘宝都对微信支付进行了一定程度的打压。

微信支付的开头并不顺利,但这一切都在 2014 年春节改变了。在人群中弥漫着一股浓浓的新春气息的春节前几天,微信朋友圈开始悄然出现一些关于"微信红包"的文章——《微信抢红包一夜爆红》《微信红包是如何诞生和引爆潮流的?》《微信红包红了:一天发出 1800 万元》,等等。

一些有心人当即查证了此事,发现这个时候真正知道微信红包的人没有几个,而已经在微信群里开始发红包的人更是凤毛麟角。这些人还有一个共同的身份特征——媒体人!媒体人怎么就能比普通人多了发现新鲜事物的敏锐触角呢?这当中的原因不言自明。

而就在同一时间,百度搜索"微信红包",已经能出现约 2680 万个相关结果了。此时,距离微信红包大战还有 3 天时间,一场精心策划的公关大战已经拉开了帷幕。

2014 年 1 月 30 日是除夕,1 月 25 日微信 5.2 上线,推出了抢红包功能。而在 1 月 27 日,就已经有媒体开始以"'微信红包'引爆社交,腾讯做对了什么和会得到什么?"为标题为微信红包助力了。报道描述,微信红包刚刚推出,就已经在很多人的微信里刷屏,并称微信红包是一款四两拨千斤的爆款产品,预言春节期间微信红包势必会更大范围地传播。腾讯几乎没花任何推广费用就引爆了马年第一个全民话题。这篇报道出现之后,各大媒体开始纷纷转载。

接下来,腾讯步步为营,每一次发招的时间点、方式和内容都为微信红包制造了一个又一个高潮。

在上一篇文章走红之后,网上开始接力出现各种抢红包攻略、技巧等。更厉害的是,就在1月28日,网上出现《微信红包开发负责人吴毅否认红包让支付用户一夜过亿传言》一文。1月29日,网上出现《微信红包一夜爆红背后:低调再战阿里》的文章。文中说到,"通过微信红包,腾讯在移动互联网阵地与阿里的PK中占了先机",微信红包的出现彻底改变了微信支付的走势。

微信来做红包,最大的优势在于关系链。首先,微信让80后和90后能够发红包的范围更广了。其次,微信让大量70后、60后甚至50后都加入到发红包的活动中来。春节更是一个绝佳的时间点,一、二线城市的年轻人回到老家,将微信红包带给了老家的同学、朋友和亲戚;而家里的父母、长辈也加入到了微信红包中来,这将微信红包覆盖的年龄群向上延伸了。

想要参与微信红包大战,首先要做的就是绑定银行卡,开通微信支付。可以说,在春节这个时间点,微信红包带动了微信支付用户的海量增长。

在微信红包的公关大战中,腾讯公关发挥得流畅自如。规律性的策划、系统性的安排，以及媒体组合、时间节点、内容撰写，一看就是有备而来。新闻最重要的是要有亮点，红包结合春节，再合适不过。而传统媒体和新媒体的配合战也打得漂亮，由《第一财经》首先发声，各个新媒体积极响应、转发、配合，宣传攻势一波接一波。

更引人注意的是，微信红包适度地挑起了腾讯和阿里的竞争话题。本身微信红包这件事，大家也就当个娱乐性质的新闻聊聊，而当这件事情上升到腾讯和阿里两个互联网巨头对战的高度时，就不仅一般民众会热心，更多财经人士、职场人士也会开始关注。同时，这一话题直接让以前和支付宝无法相提并论的微信支付上了一个台阶，从地位和用户数上，都开始与支付宝并驾齐驱。

一个称职的公关一定是懂营销的，他也必须了解企业，了解产品，了解市场。腾讯的公关，一直以来都应该具备这样的技能，但多年以前，腾讯吃亏于 360，原因是太依赖逻辑、理论与技术手段，而缺乏情感的输出。

继微信红包大战之后，腾讯和阿里巴巴在支付宝、淘宝、微信之间又发生了接口互相屏蔽的事件。2015 年 2 月 2 日下午，陆续有商户反映，"淘宝屏蔽了来自微信的浏览请求"。微信表示，这是淘宝屏蔽了微信所致，"等什么时候阿里系接入了微信支付，我们再来谈这个问题"。

在腾讯和阿里巴巴的几次掐架过招中，腾讯面对阿里巴巴的动作，不管是封杀还是推出近似的产品，都毫不退缩。公关作为腾讯发声的通道，也没有急于对外表态，而是积极融合内部，在第一时间搜集资料后，通过推出新服务、新体验的方式,从内至外地予以回击。

比如微信红包赶在过年前出现在微信朋友圈,突击了阿里巴巴最为得意的支付和金融板块,将红包和春节相结合,选择了最佳的时机。马云这句"被偷袭的珍珠港"透露出一种心服口服和无可奈何的意思。

微信红包这一产品本身就带有一定的情感表达,选在春节这个时间点推出,无疑增强了情感输出的属性。再加上宣传文章的渲染,微信红包俨然有了替代实物红包的架势。可以看出,腾讯公关开始重视用户情感表达的需求。腾讯在做有感情的产品,而腾讯公关将这份感情强化后输出给了用户。

在公关运作的过程中,不仅公关部要发力,各个部门都要连通,需要产品部、研发部和管理层的支持与配合。如果没有其他部门的支持和沟通,不整合内部资源,公关部也孤掌难鸣。只有上下联动,各部门配合默契,公关部才能够快速反应,及时精准地搜集情报,再准确表达态度,通过产品去与公众沟通。

不难看出,近几年腾讯公关的地位不仅在不断稳固,腾讯公关与内部其他部门的交叉度和融合度也在提高。公关部与各个部门紧密联系,一旦出现危机,迅速联合内部,及时应对,一致对外,公关这个时候所充当的角色是多元化的。

2017 年 7 月,微信公众号"鹿鸣财经"发布的文章《听说蚂蚁金服CEO 想投资腾讯》这样描述阿里和腾讯的公关——"即使是公关部门,阿里系也忙到不可开交,去东南亚玩时还要忙着发稿,但腾讯公关部的人相对就清闲很多,动不动就去欧洲度个假,去柬埔寨遛个弯"。公关最需要做的事情是为公司内部提供舆情,推动业务部门改进,推动运营质量提高,在服务精良的基础上实现双向沟通。公关一定要相信,"方向比努力更重要"。

此时的腾讯公关已经很成熟,知道"度"在哪里,也知道应该怎么支撑展现在外的"冰山一角"。在一场场的公关战中,公关作为腾讯的发声通道,在给予对手反击上做到了应对自如,以实际行动去发声。

公关需要懂得深入每个部门,拥有内部洞察能力,引导老板做决策。公关需要积累企业的大量信息,战略性思考企业的发展。同时,公关还需要积累外部合作关系,不管是媒体的,还是商务合作端的。

公关是一个企业出现危机时力挽狂澜的重要武器,对于企业来说,不能等到需要公关了再去成立这样一个不创收的部门。一开始企业就要树立公关意识,不能只看重利润,不舍得为公关支出成本,这在未来可能会给企业带来难以想象的损失。

公关,是企业运营的一块试金石,但并不是说有了好的公关就拥有了制胜法宝。一个错误出现一次,公关可以紧急救火,若再次出现相同的问题,再好的公关也无法拯救这样的企业。

此外,在企业内部,公关部的决策过程应该形成一套便捷机制。在千变万化的市场环境下,公关部每天都要面对新的热点,而抓住热点快速反应、快速策划、快速洽谈、快速实现价值是需要内部机制去支撑的。

第三节　面对自己的勇气

有的企业，就像人一样爱面子，但爱面子的人往往会吃亏。一些企业面对错失，宁愿撒谎掩饰，也不想承认，或者刻意为自己辩解，在事实面前一味否认，而公关则需要有面对自己的勇气。

来看看国际知名餐饮企业肯德基是怎么应对危机公关的。肯德基进入中国市场以来，一直饱受负面事件困扰，从早年的"苏丹红"事件，到近几年的"速成鸡"和"过期肉"事件。

起初的肯德基有点不知所措。相对来说，食品安全问题不存在太多的公关办法，一味否认只会起反作用，强行解释又显得理亏。肯德基最终通过停止和违规厂商的合作来处理"速成鸡"事件。

在危机出现后的一段时间里，肯德基营业额下滑，其通过店面促销的方法提高客户转化率。但对品牌来说，真正的危机在于多年耕耘的形象一落千丈,难以挽回。之后,肯德基发起了许多补救措施,大手笔组织公益活动和更加本土化的公关活动,以全新的形象出现在公众视野中。

最后肯德基不仅挺了过来,还形成了自己的一套风格。这两年,肯德基的美誉度不断上升。2016 年的奥运会,肯德基借势推出"红色鼓励",用户在吃完"红色鼓励桶"套餐之后,可将桶身翻转过来变成鼓,为奥运健儿加油打气。

除了"红色鼓励",肯德基也"跨界"成瘾,在制造话题上远远超过了老对手。肯德基斥巨资请来陈坤、李宇春、薛之谦、鹿晗这些对年轻一代有号召力的偶像,代言某一款产品或者参与某一个活动。在迎合年轻人猎奇心理方面,肯德基花了许多心思,推出可以食用的指甲油,在上海时装周上演"KFC 时尚大咖秀",与爆红的网络游戏《阴阳师》跨界合作,与深受年轻人喜爱的草莓音乐节跨界合作;等等。

公关应当首先正视错误,分析出现错误的原因,并对症下药。肯德基不仅懂得本土化的公关方法,还通过营销活动去表达自己的品牌个性。用行动和态度去改变自己,从对自我的反思中找到突破口。

腾讯也出现过类似事件,农历 2016 年年末,腾讯年会一不小心上了热搜,"腾讯年会不雅事件"被曝出。举办年会原本是体现公司实力的事情,但随后年会上爆出不太和谐的画面和视频,不仅低俗,还不尊重女性,知乎、微博上的网友出奇愤怒,事件愈演愈烈。

这次年会是腾讯即时通讯应用部的年会,但对腾讯带来了非常大的负面影响,腾讯的企业文化和价值观遭到了质疑。

或许擅长做产品的腾讯也想不到，这一枪的威力如此之大。话题讨论的高度上升到了性别和社会不公等角度，腾讯公关应该怎么做？

事件发生后，腾讯迅速发表了道歉声明。既没有否认或掩盖事实，也没有愤怒，而是该处分的处分，承认错误，担当错误。致歉信原文如下：

郑重致歉

关于腾讯即时通讯应用部年会中出现不雅节目一事，我们在此向涉事员工、家属以及社会公众郑重道歉。此事伤害了涉事员工和家属的情绪，产生了不良的社会影响，即时通讯应用部管理团队承担全部责任。

来自各方的所有批评，我们没有任何托词，全部接受并严加反省。

1.这件事情的发生，是因为我们对年会策划把关不严，出现问题后现场也未及时制止。年会虽然属于内部娱乐活动，但是必须遵循价值观和社会道德观。

2.作为管理团队，我们更应把握好年会的尺度。本次问题的出现，是我们管理上的失职。未来所有的内外部活动，将有更严格的把关审核制度。

3.管理团队已与相关同事进行了沟通并向其致歉，同时在腾讯内部论坛平台向全公司员工进行道歉、检查和反思。我们将端正价值观，加强管理，确保此类问题不再发生。

腾讯即时通讯应用部全体管理团队

2017 年 1 月 12 日

大部分公关都知道应对公关危机，需要动用媒体资源。联系媒体发稿为自己洗白，或者联系已发稿的媒体删稿，已经成了一贯的做法。所以在日常工作中，公关会把大部分精力放在与媒体搞好关系这件事上，积累各类媒体资源。

但公关与媒体的关系是不稳定的。一是由于媒体行业本身的特点，人员流动性非常大，花心思做好维护后，记者朋友可能很快就跳槽了。二是没有人能控制住媒体的传播。比如虽然腾讯投资了知乎，拥有 QQ 和微信两大媒介，这对快速占领媒体通道是有很多好处的，但在知乎、QQ 和微信上，该有的负面评论依然存在。

所以，当企业出现负面新闻时，公关需要有面对自己的勇气。公关应有深层次的反思能力，拒绝推卸责任。如果发生了负面新闻，公关马上去封杀，最后只能再次招来骂名。

腾讯在这件事上首先向女性道歉，为没有注意尺度的做法向公众道歉，并指出这件事情不符合腾讯的价值观。在郑重致歉后，腾讯也对即时通讯应用部负责人和事件相关人员进行了记过处分，同时在内部进行了反思教育，并在知乎上回应"我们真诚感谢知乎网友们的监督与关注"。

公关遇到棘手的事件不应该自乱阵脚。首先，需要认清舆论环境，想清楚应该怎么去说；同时，认清事实，在事实基础上陈述，可以不赢公关仗，但不能颠倒是非，失去民心。

第四节　拒绝教科书式的解释

公关还应该杜绝教科书式的解释，这是一直以来腾讯都比较容易犯的错误。从当年 QQ 收费到与 360 对阵，腾讯习惯用产品、技术来解释为什么会出现这些问题，不仅不去安抚大众当下的感受，还在解释中显得死板，不懂变通，费尽力气就是为了极力证明自己是对的。

腾讯习惯用这样的风格和思维模式去与用户沟通。可是，公关危机每一次都不太一样，如果仅仅用一种套路，那是肯定不行的。腾讯继 3Q 大战之后，又迎来了一次危机，这次的危机中腾讯的表现只能用"作死"来形容。

2016 年 3 月，腾讯旗下音乐平台 QQ 音乐举办"2016 QQ 音乐盛典"颁奖典礼，这个活动虽然影响力不及全球华语榜中榜、台湾金曲奖颁奖典礼，但也是大牌云集，请来了众多当红人气歌手，充分展示了腾讯的实力。但是在音乐盛典中主办方却发生各种失误,其中最夸张的是把李宇春说成"男歌手",这让腾讯再次遭遇史无前例的公关危机。

媒体人评论这次 QQ 音乐盛典出现了"种种匪夷所思的乌龙"——

设备问题——话筒没声音,音响出问题,画面切换不对,灯光不够唯美;

统筹问题——奖杯颁错,主持人明显拖延时间;

环节问题——字幕歌名打错,整个典礼时间拖沓;

后台问题——不能正常登录投票,声称投票有奖但当晚并没有颁发。

这样的错误出现在任何典礼上,都是巨大的失误。尤其当李宇春上台领取"年度最具影响力女歌手"时,颁奖视频中的口播把李宇春说成了"男歌手",所有人都目瞪口呆!尴尬但不失风范的李宇春并未当场发作,选择尊重音乐、坚持演唱,李宇春的大度更是让这次盛典显得小家子气。

且不说这些乌龙有多不应该出现,就是一个普通的品牌做一场活动也不应该出现这么多错误,何况是腾讯。让人无法理解的低级错误,不仅是对音乐和艺人的不尊重,还引发了腾讯的公关危机。网友们纷纷表示要卸载 QQ 音乐 APP,媒体对这个话题进行了持续报道。紧接着,一向低调谦和的李宇春工作室也发微博表达不满:

对于今晚在 QQ 音乐盛典上发生的颁奖视频播报错误一事,我们对此次盛典的主办方表达强烈的不满和遗憾。如此盛大的音乐颁奖典礼,出现多处低级的失误和错误,希望作为主办方的 QQ 音乐能够检讨,并对合作艺人们表示真诚道歉。在全球互联的今天,华语乐坛需要更专业的平台和舞台推动我们自己音乐的发展,哪怕力量微弱,也请心怀敬畏。

李宇春工作室发布这条微博之后,该微博转发量、评论量、点赞量达到数万,影响力非常大。17 个小时后,腾讯公关总监张军在微博上@李宇春工作室:

我也听说团队因为这个失误,士气极其低迷,我想,他们一定会找到一个路径去弥补自己的失误,给春春和玉米们一个交代。和大家一样,我们都在等待这一刻的到来。但也请原谅我的私心,给他们一点小小的时间!

张军的回复在理论上是没有问题的,其更多代表他个人对这件事的评论,而不是作为官方渠道去发声。但从张军这条微博收到的留言可以看出,没有人因为他的这一番话就理解了腾讯出现的错误,留言里各种骂声,张军这条微博并没有起到好的作用。1 天后,QQ 音乐发出了题为"QQ 音乐盛典事故还原及再次致歉"的正式声明。

这篇全文 1700 多字的声明,分为三个部分:

第一部分,200 多字,用"怀着愧疚之心""感到深深的自责""读完网友对此事的每一条评论""对不起!""千不该、万不该"等情感词语,表达了对事故的歉意,并引出了对事故细节的汇报。

第二部分,1200字左右,逐一汇报事故责任方以及对相关部门和人员的处罚办法。其中,有一半的内容在还原事故发生前的细节,就连"天公不作美,当天大雨,红毯取消,大量观众在场外积聚,管理部门要求尽快让所有观众进场"等都包含在内。

第三部分,用300多字的内容再次表达歉意,承诺今后改正错误。

从声明的架构来讲,这是一篇非常正统的文章。道歉—解释—表决心,这种模式和写检讨书没有什么差别。更有人评论称,这是一封让人越看越生气的道歉信。粉丝们关注的不是谁因此被扣了多少奖金,而是要看一个态度。

声明末尾表决心的部分显得十分客套,不仅没有拉近与粉丝的距离,反而会遭人白眼。比如,结尾部分写道:"感谢一路陪伴我们的明星艺人、经纪公司以及广大用户,你们的敦促、监督和批评,将使我们更加努力。我们真切希望从跌倒中吸取教训,以更稳健的步伐前行。我们将在QQ音乐的整体战略和路径上做更深入的反思,以契合中国音乐事业的发展,与广大艺人一同创造一个更好的音乐未来!"

这份汇报式的声明里面对承接此次QQ音乐盛典的供应商直接点名道姓,给人一种推卸责任的感觉。

大篇幅的解释,不知道粉丝们会不会有耐心看完,腾讯依然是按照自己的思维和语境在沟通。虽然做出了合理的解释,但并没有花太多心思去安抚粉丝的情绪。

类似这样涉及民生、安全、社会伦理等跟大众生活息息相关的问题,如果置之不理,就会激怒群众。如果出现被恶意诋毁或者在传播过程中被误读的情况,那就更严重了。最关键的是,在处理过程中,不能再度引发公众不满。

幸而,腾讯的学习力再次发挥了作用。仅1年后,腾讯在面对一起新的危机事件时就变得成熟了。2017年6月12日,一位微博认证用户发布了一条微博,内容写道:"深圳有一家奇葩网络公司,公司17:30下班,18:30有公司班车,没人逼你加班,但是为了能体面地坐着一人一座的大巴回家,大家愿意主动加班1小时。18:30准备坐班车回家时,就会想起另外一条制度:20:00有东来顺的工作餐,样多,管饱,有水果。想想坐班车回家还得自己做饭,就再主动加班1小时,吃了工作餐再回家。20:00吃完工作餐准备回家,又想起一条公司制度:22:00以后打车报销。一天干了十几个小时,谁还有力气挤公交?那就再主动加班2小时。这个公司特任性,从不逼员工加班。干到晚上22:00,打车回家。所以一般22:00后是科技园下班小高峰。也算员工有情,公司有义吧。这家公司叫腾讯。"该帖子在微博上经多位大V转发,成为热门话题。

腾讯公司官网立刻回应了这一帖子中描述的问题,这一次腾讯发出了这篇题为"嘿,我就是你们说的那家公司"的文章,仅仅从标题来看,给人的感觉非常轻松愉悦。文章里面一一展示了腾讯给员工的福利:在"住"的方面,腾讯为员工提供最高50万元的购房无息借款;在"行"的方面,除了22:00后打车免费,腾讯还提供数百班次的班车接送;在"激励机制"方面,某次周年庆上腾讯公司向每位在职员工赠送300股腾讯股票,按照当时的市值价值 6 万多元,公司为此支出 15 亿元左右。这样的福利真是不说不知道,一说吓一跳。

　　腾讯"晒福利"引网友围观,这次腾讯完全脱胎换骨,没有了以往教科书般的回应,而是表现出了高情商的解答方法,直接分析问题的关键。既然舆论质疑的根源是腾讯捆绑员工下班时间和福利的问题,那就从上班族们最关心的角度来说说福利。而网友们的留言也纷纷表示,自己想去腾讯上班。

第五节　用真诚说话

从"教科书式的回应"到"让美誉无处不在",腾讯的转变是做公益。公益是提高品牌声誉的一种好方法,尤其适合大企业维持良好的企业形象,维持与公众的关系。马化腾 2016 年对外称,腾讯将每年拿出 2％的利润做公益,"我们希望不仅仅能够出钱,更关键的是发挥我们在平台上的影响力"。

腾讯就像做产品一样,认真做着公益,搭建公益平台——腾讯公益,并发起各类人群都可能感兴趣的公益项目,将用户的生活方式与腾讯产品相结合,推广和铺开公益行动。最广为人知的应该是微信运动,只要我们每天走的步数超过 1 万步,就可以捐出去,简单又温暖。

早年腾讯做产品的时候,会把一些容易获得好感的元素加在产品里,比如在每个人生日那天,QQ 登录界面会弹出生日祝福。这也是腾讯做公益的风格,渗入到细微生活中,不比惨,不煽动,利用平台和技术优势,展现美好。

对一个企业来说,美誉无处不在是公关梦寐以求的。在互联网时代,消费者的忠诚度很低,可以为了得一个优惠券扫一个二维码,消费完之后就取消关注。所以,品牌在与消费者互动时,最高境界一定是通过好的体验和品牌形象,在互联网上产生高质量的 UGC(用户原创内容),实现"公关无处不在"。

除了腾讯,另一个品牌摩拜单车,因为一句"失败了,就当做公益吧",引发公关话题。

摩拜单车在前期"烧钱"阶段发出这样的声音,会影响投资人的信心,毕竟投资人需要看到未来可盈利的商业模式。

再来仔细琢磨这句话,它其实是"一句话软文",把摩拜单车的运营动机变得单纯,即"让骑行改变城市",通过自行车的投放提高城市的幸福指数。

一句话公关迅速扩大了摩拜的知名度,提高了摩拜的大众接受度,也引发了投资人的兴趣。摩拜的发展超过了预期,还带动了共享市场——共享充电宝、共享雨伞、共享睡眠仓、共享健身房……第一个吃螃蟹并让共享理念深入人心的,就是摩拜单车。

好的公关对于品牌来说是绝对的无形资产,而企业的任何人、任何事、任何行为都可能会演变为一场或好或坏的公关事件。公关不再是单打独斗的角色,而像是企业的一把标尺,好的公关,一定依托着好的企业环境;不好的公关,一定是企业发展出了问题。公关随着社会发展,一直在改变,一直在路上。

有一种很新的观点是,任何品牌和企业都必须要有勇气去接受用户的吐槽,甚至要学会自黑,这颠覆了以往只有好消息、没有坏消息的公关语言。这是一种需要勇气的公关方法。公关是一门艺术,没有教科书可以参考,没有方法可以复制。

2017年8月25日,海底捞被卧底记者爆出令人作呕的卫生状况,记者放出后厨老鼠四处乱窜的照片,"洗碗池洗簸箕抹布,火锅漏勺掏下水道"的字眼出现在各大媒体和公众号。海底捞是以人性化服务出名的火锅品牌,一经爆料,立马刷爆朋友圈。不过,最让人大跌眼镜的不是事件本身,而是海底捞在3个小时内的火速回应:情况属实。

海底捞的回应,被网友归纳为12字:"这锅我背,这错我改,员工我养。"这完全是公关界的一股清流,不仅用词用语没有半点推卸责任的意思,而且也没有开除临时工,反而直指错在公司深处的管理,责任由董事会承担,并且马上发布了下一步措施。这让舆论迅速反转,转向对海底捞公关的赞美,尤其是对海底捞迅速反应、尊重事实、承担责任的做法深表好感。

为什么海底捞出现公关事件后,大众的态度是非常宽容的?除了这次公关事件本身的完美回应以外,更主要的是海底捞长期以来树立的品牌形象,其人性化服务的理念根深蒂固,为品牌造就了较高的美誉度。

对于企业来说,发生公关危机,不管事情是怎么爆出、怎么引发、前因后果如何,一定是因为谁在哪个地方出现了问题。这是企业应该引起重视的一个信号,就像一个人犯了错,是辩解还是直面?未来,更主流的危机公关模式会变为负责任、敢承担、有行动。在真诚和勇气面前,所有的语言技巧都是苍白的。

腾讯的公关在时代浪潮中也在不断进步。有一个有趣的现象,马化腾的影像资料在早期很少,过于低调让他丧失了与用户对话的机会。而这几年小马哥的形象突然丰满了起来,马化腾作为创始人用他的行动来展现整个公司的态度,这是非常难能可贵的。并不是说,企业出现了负面消息,就是公关部的事。企业需要有勇气面对自己,公关部也要有勇气突破高层设置的障碍,去引导高层。

马化腾认为,"在性格上,腾讯不是一家特别'会公关'的公司,但这并不妨碍我们为中国社会贡献一种'诚恳聆听,深切自省'的公司风格"。

马化腾没有想到的是,自己的一个理念为腾讯和自己都做了一次漂亮的公关——广泛传播了"互联网+"的概念。尽管马化腾并非提出此概念的第一人,但他却成了最优秀的布道者。马化腾第一次在公众场合谈到"互联网+"的概念,是在 2013 年的一场活动访谈中。因为得到马化腾的深度解读,"互联网+"的概念彻底火了起来。之后,作为全国人大代表,马化腾在 2015 年"两会"上大胆预测:"无论是政府,还是企业,都将在全面拥抱'互联网+'战略中获益!"马化腾提出的"互联网+"议案,让国务院总理李克强感到耳目一新。

在"两会"政府工作报告中,李克强总理明确提出要制定"互联网+"行动计划,随后政府出台系列制度。在政府机构的支持和推动下,"互联网+"成为国家战略,在各个行业都得以迅速推进,"互联网+"成为社会和业界追捧的热词。马化腾提出"互联网+"也是一种勇气,在理论联系实际的基础上,他大胆突破,改变了以往只善于做产品和做营销的刻板印象,第一次成了"意见领袖"。

腾讯成立十几年来,遭遇了无数骂名。互联网时代就是这样一个自由的时代,你需要有良好的心理素质和勇气,接受这一切。在未来,腾讯依然需要做出更多努力,不但要做好产品和体验,而且要懂得什么才是"对人的感受负责"。

第七章

文化力

在写作圈,有文风一说;在演艺圈,有台风一说;在歌唱圈,有曲风一说……优秀的公关,自然也有自己的风格,让人一眼便知,而且能用自己的风格打动人心。文化,可以让公关修炼出独一无二的气质。

文化如水,它可以柔软细腻,也可以变成尖锐的武器;它可以变幻无穷,也可以以不变应万变。这些,是企业公关梦寐以求的境界。公关人在钻研五花八门的公关技巧时,不妨用一些时间静心思考文化,创造符合自身文化气质的公关系统。

第一节　你是我的倒影

　　心理学上有一个名词叫"投射效应"，它认为，你的生活是你的镜子，相当于你的另一半，都是由你的内心创造出来的，你的一切都反映在你的投射中。

　　实际上，这个说法很好理解，好比那句有名的网络流行语：你是什么样的人，就会吸引什么样的人。这是一个投射反应，像镜子一般，你周围的世界都是由你创造出来的。这个创造如同佛教的因果，现在发生的，是你以前的果，即"果是过去因，因是现在果"。

　　我们经常会说"字如其人""文如其人""画如其人"等。和一个人相关的事物，里面都透露着这个人的气质。

　　而腾讯这家公司所透露出来的企业气质，无不浸透着其创始人的品质。

　　腾讯的 5 位创始人中,除了曾李青性格外向外,马化腾、张志东、许晨晔和陈一丹从中学起就是同学,都是技术型人才。

　　在 BAT 中,腾讯似乎是最低调的一个。马化腾曾说:"我的性格决定了腾讯显得保守了些,我信奉的原则是做最有把握的事情。"他就这样安安静静地做自己的产品,伺候这只戴着围脖的胖企鹅,一口口把它喂大。

　　一个人有什么样的价值观,就会有什么样的作为。无论是在创业过程中,还是在企业经营过程中,愿景再宏大,没有相同的价值观,人们也很难走到一起。腾讯公司的价值观似乎更低碳环保一些,他们一直秉承着正直、进取、合作和创新的理念。而代表其形象的是四个动物组合,被戏称为四大神兽:第一是长颈鹿,第二是海燕,第三是犀牛和犀牛鸟,第四是鹦鹉螺。

长颈鹿——正直

　　没错,就是那个儿童故事里能吃到长到墙外的树叶的长颈鹿。当然,它代表的不是吃,而是正直。

　　《韩诗外传》卷七有云:"正直者顺道而行,顺理而言,公平无私,不为安肆志,不为危激行。"这意味着,你要有勇气坚持正义,要敢作敢为、勇于担当,要坚信自己的理念,要不为强权所趋,要不为小利所动,要不因安逸而放纵心智,要不因危境而改变节操。

　　马化腾对员工的要求是:"做人要德为先,正直是根本;尊重自己,尽量做好工作的第一要求;一个企业只有团队优秀,才能真正成就个人的优秀,只有上下团结一心,才能不断追求优秀的合作境界。"

正直是什么？遵守国家法律与公司制度，绝不触犯企业高压线；做人德为先，坚持公正、诚实、守信等为人处世的重要原则，用正直的力量对周围产生积极的影响。

海燕——进取

"在苍茫的大海上，狂风卷集着乌云。在乌云和大海之间，海燕像黑色的闪电，在高傲地飞翔。"高尔基的《海燕》在每个人的心里留下的痕迹都犹如石刻般，这个由腾讯全体员工一致票选出来的"进取"代言人真实地体现了他们心中对进取的理解——不惧艰苦，勇往直前。

进取就当像海燕那样：尽职尽责，高效执行；勇于承担，主动迎接任务和挑战；保持好奇心，不断学习，追求卓越。

犀牛和犀牛鸟——合作

我们在看《动物世界》时，总能看到犀牛那灰不溜秋的长满褶子的皮肤上面落着几只鸟，那些鸟在不停地啄着犀牛的皮肤。放心，鸟儿不是在攻击犀牛，而是在帮犀牛杀虫。犀牛的皮肤虽然糙厚坚实，但皮肤的皱褶之间却又嫩又薄，一些体外寄生虫和吸血的蚊虫便乘虚而入。

而犀牛鸟正是捕虫的好手，它们成群地落在犀牛背上，不断地啄食着那些企图吸犀牛血的害虫。除了帮犀牛驱虫外，犀牛鸟还担任着犀牛的警卫工作。若是有敌人悄悄地前来偷袭，犀牛鸟就会飞上飞下，叫个不停，提醒犀牛注意，犀牛也会意识到危险来临，及时采取防范措施。

　　这种互利共生的关系才是保证双方能长久生存下去的主要因素,而这也更形象地诠释了合作的意义。合作的内涵是:具有开放共赢的心态,与合作伙伴共享行业成长;具备大局观,能够与其他团队相互配合,共同达成目标;乐于分享专业知识与工作经验,与同事共同成长。

鹦鹉螺——创新

　　国家博物馆的展厅里,有一只极其普通的白色海螺,可它却有一个专属的玻璃柜,因为它向左生长的螺纹是全世界独一无二的。在海底世界里,生存是唯一的本能。诞生于5.3亿年前的鹦鹉螺,是世界上最古老的软体动物,背着"活化石"之名,曾一度称霸海底。

　　鹦鹉螺初生时沉在海底,生长过程中螺仓逐渐增多,慢慢充气,浮出海面。人类根据这样的特征造就了第一艘核潜艇。腾讯以这样的生物特征和螺旋造型,象征他们的创新观——不盲目,一步一个脚印,螺旋式发展。如果没有创新,鹦鹉螺无法"逃离"深海,见不到外面的世界。而对于腾讯来说,创新的目的是为用户创造价值。在腾讯,人人皆可创新,事事皆可创新,腾讯人敢于突破,勇于尝试,不惧失败,善于总结。

　　乔布斯说:"文化不是纸面上怎么宣传,而是信仰什么,如何思考,如何做事。"那么,文化就是企业里面一群什么人,用什么方式,有什么思想,做什么事情。

　　尽管马化腾学会了幽默与自嘲,但他的腼腆依然从带着金丝边眼镜的脸上流露出来。他依然低调地埋头于自家的产品之中,依然不依不饶地在深夜回邮件到天空泛出鱼肚白,对产品的细节、美工、性能给出尽可能详尽的意见。

毛大庆曾在朋友圈里写下他对于企业文化的理解:做一个企业最难的、也是必须小心呵护培育的,是企业的文化,"内化"于员工中的文化,而不是老板嘴上或者公司文件里的文字。有没有文化和有什么样的文化,会引导企业走向不同的结果,这也是企业最基本的社会责任。

"人品好,我几乎有点偏执地强调这一点。我们几个创始人都喜欢简单,不喜欢搞政治化,哪怕你说我不懂也好,我就是强调简单。人品第一,就算能力再强,人品不行也不敢让他进来,这是腾讯价值观的第一条。"马化腾对员工的这个要求完全体现了技术出身的人的单纯,技术出身的人不谙熟复杂的人际关系,也不会倾注过多的精力在这上面。所以,腾讯的大环境才会呈现出这么简单的氛围。

许晨晔是腾讯5位创始人中接受采访最少的,他谈起当初为什么做腾讯时说:"虽然我们毕业之后接触并不太多,但是我们知道各自的风格。我虽然不知道要做的事情能到怎样的程度,但是我知道大家肯定是认认真真、无休止地去做,不会说是打打闹闹玩一会儿、做来做去没有下文的那种,所以这个事情我就值得参与。当时并没有其他特别的想法,就是觉得这个事情做了不会浪费时间,所以大家都很爽快地答应了。"有时候,动机太多了,反而做不成事。因为你的目的不单纯,你的思路就会迷惑你的眼睛。

作为腾讯的创始人之一,张志东在腾讯上市时拥有6.43%的股权,账面财富为 4 亿港元,却长期开着一辆 20 万的宝莱,一开就是十几年,让人不免心生敬意。物欲横流的社会,有人居于富贵却能做到只有生活、没有物欲,难能可贵。

第二节　文化即做人

佛教讲究戒律,去除杂念、贪念,方始修身。如果你不守戒,你的生活就不会有安宁,你守了戒才能够清除障碍和执着。

如谷歌的"不作恶"——不要作恶,我们坚信,作为一个为世界做好事的公司,从长远来看,我们会得到更好的回馈,即使我们放弃一些短期收益。大道至简,却是对人性最大的挑战。

陈一丹在腾讯不那么耀眼,却扮演了灵魂人物的角色。他负责腾讯的行政、法律、政策发展、人力资源以及公益慈善基金事宜,管理机制、知识产权及政府关系也由他协调,财务、内审也在他的职权范围内。这样的工作应该是由圆润练达的人负责才对,可事实上,陈一丹的性格刚好相反,他很稳,温和低调,有着和年龄不相符的成熟稳重和卓识远见,他一手打造了腾讯的管理体制和员工福利制度。

"管理和发展企业,在内部最重要的还是营造一种根深蒂固的正面文化,就是我们的企业文化。"

说到底,做企业,还是做人。

陈一丹说:"每一个企业、每一个组织、每一个个人都应去做一个有爱的人、有正能量的人,每一个人、每一个机构都应运用自己自身的核心优势去发挥力量,推动更多人去从善如流,培育和凝聚正能量。"

在飞亚达大厦三楼会议室里挂着一幅《五马图》,这是曾李青离任时请广东一位知名画家画的,图中五匹骏马神态各异,驰骋于天地之间。曾李青的这份礼物可谓用心之极。他是第一位离开腾讯的创始人,他大开大合的作风和直爽外向的性格是另几位创始人不能比拟的,这也恰恰弥补了技术出身的另外几人的不足。高大的身材和果断的言语,让他在创业初期被屡屡错认成马化腾。

马化腾管产品,张志东管技术,曾李青管市场,陈一丹管后方,许晨晔管门户网站。就像五角星的五个角,各管一方,照亮了中心的璀璨。这样的搭配也是不少创业公司最为渴求的,创始人各展所长,又相互互补,养成了腾讯自由、简单、不失控制感的文化氛围。

心理学家做过研究,当人们可以自由地进行选择,并拥有自主权的时候,心情才是最愉悦的,这种愉悦感超过了人们占有财富所获得的快乐。

在腾讯的工作环境下,你可以自我调节紧张的工作节奏,你可以随意看 QQ 而不用担心背后有主管的眼睛,你可以到论坛灌水也许还能碰到老板跟帖。玩玩呼啦圈、做做瑜伽或者躺沙发休息一下,这些都不用担心会因违反公司纪律而被扣工资。即便加班,腾讯也会为员工提供优渥的福利。公司的盈利从来不依靠克扣员工工资,把选择权交给员工,才是自由的最佳体现。

3Q大战中有这么一个细节,生死存亡之际,腾讯做出"不兼容页面"的决定,所有用户面前都有两个"卸载QQ"和"卸载360"的选择键,设计人员递交的第一个方案是两个选择键的字号一大一小,马化腾提出修改意见:"两个选择键的字号一样,给用户一个公平的选择。"有高管提出反对意见,并举例说,1年前360在与金山的竞争中也有过类似的行动,"卸载金山"的字号比"卸载360"大好多。马化腾涨红了脸,情绪激动地一锤定音:"一样大。"

在进行选择时,人们往往会倾向于字号大的选项。大多数人并不知道自己最正确的选择是什么,也不会花费精力去思考,他们会下意识地去点字号较大的选项。而"一样大"的做法,就是把两个选项公平地摆在用户面前。生死存亡的关头,考虑的却是对敌人是否公平,自信和修养不言自明。

简单直接,才是做人的高端境界。

第三节　心中有爱

在提出开放战略之后,腾讯塑造出了一个有爱的形象。在一些紧急事件的处理上,腾讯公关越来越快速、熟练。不管是语言还是行动,腾讯公关开始展现出柔软和感性的一面。

2015 年,"微信运动""QQ 健康"发起捐赠步数活动,网友每天只需行走一定量的步数,就可以把步数按一定比例兑换成相应的金额,由企业出资捐助给需要帮助的人。很快,千万网友就加入了这个非常有意义的慈善活动中,把更多的爱传递给世界。相较于以往大笔大笔的捐款,这样的小公益反而更能让人感受到爱的意义,这就是腾讯的点滴改变。

这种爱不是一天形成的,它原本就存在,而且随着时间的累积,爱也在发生变化。腾讯的爱,曾经是不懂表达的沉默,然后经历了强烈得让人反感的阶段,最终变得厚实自然。在这个过程中,腾讯从爱自己、爱员工,再到爱用户、爱互联网世界,完成了从小爱到大爱的升华。

在 QQ 疯狂烧钱的那些年,腾讯没有放弃对它的"喂养",这是腾讯对自己的爱。因为相信这个烧钱的小东西能够带来美好的希望,所以才用爱去浇灌,使它能够活下来并茁壮成长。

马化腾曾说:"对腾讯来说,业务和资金都不是最重要的,业务可以重新拓展,资金可以吸收。最重要的是人才,人才是不可替代的,这是腾讯最重要的财富。"世界上所有优秀的企业家,无不珍视人才的价值,而且他们都是培养和管理人才的大师。

腾讯惬意的工作环境、优厚的员工福利,人们早有耳闻。2016 年 11 月 11 日,腾讯成立 18 周年,公司为在职员工、离职员工、外包人员和公司服务人员准备了总额约 3000 万元的现金红包,单个红包金额188~1888 元不等。马化腾讲:"腾讯 18 年来,我更多想讲的是感恩,感恩所有的同事们。"类似这样的福利,在腾讯很是常见。如果要一一列举,恐怕要讲很久。

腾讯从诞生至今,从来不缺爱的能力。这家公司所走过的弯路,是在懵懂的时候,没有找到表达爱的最佳方式。

一家以产品为重心的互联网公司,如果对用户没有足够多的爱,不可能设计出让用户爱不释手的产品。腾讯的产品总能给用户更好的体验,这不仅源自工程师的专业技术,也源自腾讯对用户的爱。

公关所要表达的,就是对用户情感上的关心和爱护。与用户进行爱的交流,才能与用户彼此信任、彼此关心。其实,社交沟通一直是腾讯的强项,QQ 和微信两大强势产品,都是基于社交而来的。可以说,与人沟通、和用户做朋友，对于腾讯来说不是难事。

爱自己，能够让自己变得更好；爱员工，可以让员工为公司创造更大的价值；爱用户，能够让公司走得更坚定长远。但仅仅有这些爱，是不够的。腾讯能够成为中国互联网公司的巨头，支持它一路前行的信念，是对互联网世界的大爱，是对成为受人尊敬的互联网公司的强烈渴望。

2015年，在第十二届全国人民代表大会期间，马化腾提出《关于以"互联网＋"为驱动，推进我国经济社会创新发展的建议》。他提议，应当从顶层设计层面制定国家的"互联网＋"发展战略，利用互联网平台，通过信息通信技术把互联网和各行各业（包括传统行业）结合起来，在新的领域创造新的生态。之后，在2015年《政府工作报告》里，"互联网＋"被列入国家的行动计划。

在《互联网＋：国家战略行动路线图》一书中，马化腾写道：

我一直认为，互联网不是万能的，但互联网将"连接一切"；不必神化"互联网＋"，但"互联网＋"会成长为未来的新生态。

连接，是一切可能性的基础。未来，"互联网＋"生态将构建在万物互联的基础之上。

随着移动互联网的兴起，越来越多的实体、个人、设备都连接在了一起。互联网已不再仅仅是虚拟经济，而是主体经济社会不可分割的一部分。经济社会的每一个细胞都需要与互联网相连，互联网与万物共生共存，这成为大趋势。

这是腾讯对互联网世界的大爱。可以看到,马化腾正引领着腾讯走向更大的世界,同时也承担了更大的责任。这样的大爱,将开创未来的新境界。而在未来,可以想象的是,腾讯公关将和腾讯的一言一行愈加融合。不管是面对政府、面对用户,还是面对同行,腾讯都将以更真实的形象出现,获得世界的认可和支持。

第四节　强者思维

一棵伟岸的大树,长在丛林中。它的顶端极力向上,以寻求最多的阳光雨露;它粗大的枝干尽可能地占领空间,以呼吸最新鲜的空气;它的根系极尽繁茂,以汲取大地最多的精华。然而,在大树旁边,几棵瘦弱的小树却在生存的边缘挣扎,它们枝干细脆,叶片已接近枯黄。

小树愤怒地盯着大树:"你已经足够强大,为什么还要限制我的生长?"大树漠然地看了它一眼,冷淡地说:"对于我来说,你的生长永远是个威胁。"

大自然中的资源是有限的,要想争取到有限的资源,就必须让自己足够强大,食物不会自己送上门来。而在腾讯,你要想获取足够的资源开发自己部门的项目,你同样需要去争取,让公司看到资源给你之后会为公司带来更多的回报,你才配享受资源。相反,如果你因为没有资源而项目失败，对不起，这不是理由，唯一的理由是你不够强壮。

这就是丛林法则，弱肉强食是它最典型的特征。

作为腾讯第一名社招员工，被称为游戏之王的任宇昕，他身上看不到多少艺术细胞。程序员出身的他，对腾讯内部的竞争机制更有体会。他在腾讯成立 15 周年之际，给互娱游戏部门员工发的内部邮件中介绍了他眼中腾讯的五大文化：热爱是一切成就的原动力；持续学习是职业发展的必备项；精雕细琢是我们的做事风格；主动沟通和勇于承担的人最受欢迎；让正能量成为我们共同的名片。

细细研读，这五大文化正是让你在竞争中胜出的必备条件。

让腾讯移动游戏一炮而红的天天系列，由腾讯内部的天美艺游工作室开发，而这个工作室最初只是上海的一个专注于研究移动游戏和移动游戏引擎开发的团队，此前没有任何成功的商业化产品开发经验，推出的《怪物大作战》上市两年来亏损了 2000 多万元。

改组为天美艺游工作室后，整个团队从理念到产品观、从管理方式到工作方法、从管理人员到组织架构都进行了打破重造。甚至团队成员从上海集体转到深圳总部办公，用腾讯核心文化潜移默化地影响原来的团队，让他们从现实中认识到自己与优秀团队的差距，自发地激发自己的能力。

到深圳的员工前 3 个月没人在 24:00 前离开办公室，工作室 6 个月内连续两次进行组织变革，并在腾讯内部广发"英雄帖"，猎聘优质人才，建立人才梯队机制。从美工到音乐再到游戏脚本，相关成员都在激烈的竞争中角逐出位。残酷的内部竞争机制才能缔造出月流水过亿元的产品,适者生存的丛林法则才能促使团队抢到优质的资源。

凯文·凯利在《失控》一书中描述土狼思维时这样说道:所有的自进化者必须是像土狼一样高明的魔术师。这位魔术师对自身的改造永远也不满意,它总是抓住自己的尾巴把自己里外翻转,变成更复杂、更柔韧、更花哨、更依赖于自己的东西,然后会再次无休止地努力去抓自己的尾巴。

腾讯更像一个"世界",在这里,各个工作室就像一个个部落,他们时刻面临着生存的压力,要争取更好的资源、更多的关注与更大的资金投入,就必须要比别的部落强。必要的时候,你要干掉其他部落才能生存。

腾讯文化无形中也在影响和改变着员工,并且创造着一个个奇迹,而这些奇迹,又改变着我们的生活。

大多数创新并不是突然间毫无理由出现的灵感,而是创新者积极地将自己魂牵梦萦的想法转变为现实。张小龙在做微信前曾在微博中这样描述自己对智能手机的想法:"我对 iPhone 5 的唯一期待是,像 iPad 一样,不支持电话功能。这样,我少了话费,但你可以用 kik 跟我短信,用 Google Voice 跟我通话,用 Facetime 跟我视频。"7 年前,也许这还是美好的想象,但在 7 年后的今天,我们每个人都已经在微信中使用着这些功能了。

腾讯能给任何一个想法提供试错的机会和空间,并为之提供资源。腾讯前副总裁郑志昊说:"Pony 的管理风格是,除非他强烈希望干预的事情,否则他都愿意让团队去试,并让不同的团队去竞争。"

幸好,腾讯文化的包容性给了张小龙再一次成功的机会,而腾讯也在成长中学会了表达。

微信真正实现了连接一切,微信思维也重新定义了商业与沟通的关系,当然,任何成功都不是偶然。正如张小龙自己在朋友圈的感言:"所有业界评价几乎可以简化为一句'抄袭 path 或者 instagram',他们看不到朋友圈的产品形态中有机和精妙之美,看不到这是在 im 关系链上做 sns 的风险极大之尝试,以及我们如何规避这种风险。即便是 ui,他们不知道我们 4 个月来围绕朋友圈做了十几次方向调整和改版才有现在的自有风格的形态,他们更看不到接口公开后接入第三方内容后可能有的变化。"

我们所有人,在不熟悉的领域里都是吃瓜群众。甚至大部分人,在自己熟悉的领域里也做不到全知。科技让人变得不那么爱思考了。你要爱、要理解,就要清楚直白地说出来。简单粗暴,有时候不失为解决问题的最好方法。你说微信要做到至简,你就要让人看到你的简。这样的简,如道生一,能生出万物。

微信团队一直以"微信致力于创造一个纯净的世界"为宗旨。然而,用什么样的方式书写,篇章是华丽还是低沉,这一切都交给了使用者自己。

腾讯在一步步地成长,然而成长的路上仍有风雨和沟壑。

第五节　保持善心

英国诗人西格里夫·萨松写过一首《于我,过去、现在以及未来》的诗文。

其中的一句"in me the tiger sniffs the rose"被著名文学家余光中翻译为"心有猛虎,细嗅蔷薇"。凶猛的老虎也会有细嗅蔷薇的时候,忙碌而远大的雄心也会为温柔和美丽所折服,这寓意着人性中阳刚与阴柔的两面。

企业如人。前进如猛虎下山,如蛟龙出海,势如破竹,锐不可当。然而在凶猛的外表下,藏着内心的温柔与美好。

2005 年,曾负责腾讯上市事务的高盛亚洲投资银行部执行董事刘炽平正式履新腾讯,担任首席战略投资官,负责战略、并购和投资者关系。这是刘炽平独创的职位,连马化腾都不知道这个职位是做什么的。

但很快,刘炽平用自己的方式告诉人们,首席战略投资官的作用。次年2月,马化腾不再担任公司总裁,让位于刚加入公司1年的刘炽平,由其负责公司的日常管理和运营。腾讯进入5年黄金期。到2009年,腾讯完成了面向即时通信、网络游戏、门户网站和电子商务的全业务布局,全年收入突破124亿元。

世界上有很多人通过职位和金钱来判断自己的人生价值,觉得职位就是地位的象征,金钱就是阶层的象征,终其一生都在孜孜不倦地追求着、忙碌着。而有些人,则会顾全大局,让位于贤者。

创业容易,守业难。从创业到在香港成功上市,腾讯用了7年,这在互联网行业显然是慢的。守业并让基业长青,则需要一个更懂市场的人。而技术出身的马化腾,最擅长担当的是产品经理的角色,刘炽平的坐而论道,恰好弥补了他的缺陷。刘炽平擅长投资,善于战略,这正是腾讯需要的。马化腾主动让出总裁之位,将自己一手打造的企业交由刘炽平掌舵。

让位于贤者,需要的不是勇气,而是智慧。

2013年3月,被称为大总管的陈一丹宣布离职,这不是心血来潮的决定,而是经历了2年的准备与过渡。陈一丹被称为"中国互联网公益教父",作为5人创业小组中较早结婚生子的人,他更能从家人关怀的角度出发去构建员工的福利机制,比如节日寄给员工家属礼物,比如家属开放月,比如10万元安居工程。

他还致力于保护和传承少数民族文化等非物质文化遗产项目。陈一丹说:"对文化的弘扬与传承,就是对文化最好的保护,也是对非物质文化遗产所在地最好的支持与帮助。我们希望,通过这一系列积极的举措,全方位、多角度地传扬苗乡之秀、传唱苗歌之美、传承苗族之韵。通过这些有意义的活动,面向新的传承群体,激发网民和全国各地的人们对非遗文化的参与热情。"

2016年,陈一丹完成"湖北一丹大学教育发展基金会"首轮共建基金募集。而马化腾个人就给这个基金捐款了1亿元,除此之外,张志东和吴宵光也有不同金额的捐款。

同年,马化腾承诺将捐出1亿股腾讯股票注入正在筹建的个人公益慈善基金,支持医疗、教育、环保等公益慈善项目以及全球前沿科技和基础学科的探索。彼时,腾讯股价市值约139亿元。

陈一丹个人对慈善事业的热衷,也带动并影响着身边人及腾讯的公益走向。2007年6月,腾讯投入2000万元成立腾讯公益慈善基金会。腾讯成为"人人可公益"的创联者,发起"一起捐""益行家"等活动,创立"中国首个互联网公益日",创立"立体救灾"机制,从灾情评估、灾难一线救援、救灾团队后勤保障方面全方位给予支持。基金会成立以后的5年间,陈一丹给腾讯基金会的个人捐赠达900万元。

很多人能做到独善其身,却只有极少人能做到兼济天下。一个人影响一个公司,一个公司影响一个城市,一个城市影响一个社会,聚沙成塔,这就是文化的力量、文化的传承。马化腾在回复陈一丹的离职邮件中提到——

"腾讯文化中独具业内特色的很多点子如圣诞Party、春茗和发红包等习俗在公司能传承下来,都和他密不可分。

"2年前,他和我们就提前规划了培养接班人才的计划,希望让越来越多的干部和职业经理人与创始人一起融合,承担起越来越多的管理责任,带领腾讯稳健发展、基业长青。

"对于Charles(陈一丹)我首先要说的是感谢。腾讯创业过程中缺少Charles不可能成功,他为公司的职能体系、价值观、文化建设和公益慈善事业的付出独一无二。可以说,Charles在腾讯完美地诠释了'首席行政官'的定义。他同时也是正直、友善、关爱和信任的同义词。作为同学和伙伴,我对Charles的感谢无法完全用语言来表达。"

陈一丹离职后,腾讯再没有设立"首席行政官"一职。尊重,是对一个人最大的肯定。

2014年9月,马化腾背后的男人——另一位创始人张志东,辞去"首席技术官"的职位,提前退休,转身投入腾讯大学做了一名讲师,致力于员工培养,从此踏入传道、授业、解惑之路。

张志东同时是一个非常低调的人,几乎没有个人专访,多年霸居胡润富豪榜,却低调如路人。低调是一种高明的人生智慧,它是心性长期修炼养成的一种品格。

马化腾在《财富的价值在于把事做成》中提到,财富其实并没有一个固定的含义,它取决于你对它的态度,以我个人的理解,成功与否应该是以给社会带来多大的价值为标准。

无论是按此标准还是普世成功学,马化腾、陈一丹、张志东和曾李青都算得上成功人士,在巅峰之时退居,把更多机会提供给他人,其中包含着成全之意。

马化腾为克莱·舍基所著的《认知盈余》一书写过一篇推荐序,题为"互联网时代的晨光",其中写道:"一个新的互联网时代即将到来。这将是一个鼓励分享、平台崛起的时代……这个新时代,不再信奉传统的弱肉强食般的'丛林法则',它更崇尚的是'天空法则'。所谓'天高任鸟飞',所有的人在同一天空下,但生存的维度并不完全重合,麻雀有麻雀的天空,老鹰有老鹰的天空。决定能否成功、有多大成功的,是自己是否具备发现需求、主动创造、分享平台的能力。"

时代在发展,新科技的出现让人们的时间更充裕,人们更愿意分享自己的知识,以此推动文化的进步,进而推动社会的进步。网络推近了我们每个人的连接,同时我们又在网络上留下了自己的足迹。

早期的腾讯,在迷茫中寻找生存之地,别说公关,就连战略也没有。几位创始人面对"战略"这些词语犹如懵懂少年面对人生,连对待上市,也只简单地觉得"是个公司大概都要去上市的"。

上市之后,仍然是以产品、用户、业绩为主,这也是大多数企业的通病,公司唯业绩为尊。从什么时候开始转变了呢? 大概是刘炽平的加入,让腾讯有了灵气,让腾讯不再简单粗暴地勇闯天涯,而是引入了战略行动。之后的 5 年,腾讯突然间成熟了起来,知道怎么有效率地实现目标了。

万事万物的发展变化都是无穷无尽的,但归根到底都有所依属。腾讯的文化有着一个重要的依属——善,它的出发点及目标都是为员工服务,为用户服务,进而推动社会进步。

　　我在记者生涯中,每天都会和不同企业的公关打交道。他们有的圆滑,有的强硬,有的客套,有的爱搭不理,有的热情"巴结"。媒体圈对于公关的评价,更是褒贬不一。一开始,公关给人的感觉是这样一种存在:逢年过节送礼品,隔三岔五请吃饭,负面新闻来灭火,宣传通稿求着发。

　　有时候,我会想,媒体是不是无意中帮助公关美化了企业? 我笔下所报道的企业,是真实的吗? 当一篇篇通稿、一条条公关声明出现在我面前的时候,我怀疑:公关是不是在欺骗舆论? 媒体和公关是不是对立的?

　　李普曼在《舆论学》一书中提出了"拟态环境"概念,他认为,在我们和真实环境之间存在着一个拟态环境,我们往往把拟态环境当作现实环境本身。而拟态环境是传播媒介一手打造的。传播媒介通过对象征性事件或信息进行选择加工,将其重新加以结构化后向人们展现出一个拟态环境，可它并不是现实环境的客观再现。拟态环境不仅制约着人的认知和行为，而且通过制约人的认知和行为对真实环境产生影响。

这样想来，记者报道的企业新闻，无论是负面的还是正面的，实际上都经过了选择加工。记者能够做的，只是尽力逼近真实，而绝对的真实是难以达到的。记者和公关的沟通交流，是为了得到关于企业发展的更多信息，两者的关系既对立又合作。

对立面是指，任何一家公司在遇到舆论危机的时候，都会下意识进行自我保护。他们不愿意多说，也生怕说错一个字，导致错上加错。而记者的职责在于寻求真相，他们必须想尽办法套出有料的信息。这时候，一个跑，一个追，就会形成对立关系。即便有时企业有所回应，但通常都是客套的解释，记者看到这样的回应，心里也会很不舒服。

在做记者期间，我已记不得打过多少次公关电话，常听到对方"无可奉告，不做任何解释"的答复。就算是到现场去找人，等待我的也是闭门羹。有的时候，从关系不错的公关口里套出了一点料，本来欣喜不已。但报道一出，对方叫苦不迭，说我的报道会断送他的前程。面对这样的情况，我也曾经不知如何是好。

但是在更多的时候，记者和公关是合作关系。一方面，企业有影响力的发展，是值得记录的新闻；另一方面，即便企业出现了负面情况，记者也必须从公关部门了解企业的声音，这样才能更好地展现事实。

由于两者既对立又合作的关系，彼此非常了解，许多记者跳槽后的首选职业就是公关。一方面，记者有媒体资源；另一方面，记者曾经是

"把关人"，他更明白如何做公关，如何和媒体打好交道。

我也曾是记者转型公关大军中的一员。当我真正去了一家企业做公关之后，才了解了公关的辛苦。每天层出不穷的问题，曾让我1个月减重了10斤。

如今，我辞职创业，再回头看曾经的两份工作，有了一些新的想法。正如公关大师艾维·李所坚持的那样，公共关系思想的核心是"说真话"。他认为，一家企业或公司唯有将本身的真实情况告诉公众，方能赢得良好声誉。如果披露真相对自身生存、发展不利，企业就应及时调整或改变自身的行为。

在这个信息如潮的时代，每个人都有自己的思考和判断，我想公关们更要学会的是如何巧妙地说真话：既要做到真诚，又要避免舆论的恶意解读。而企业万万不可忽略的是，公关不是独立存在的，它是公司的一部分。公关工作需要企业其他部门的密切配合，比如质量部门、人力部门、运营部门、产品部门等。只有和各部门建立了良好的关系，公关的工作才有可能顺利进行。

尤其在发生危机事件之时，公关需要代表公司对外发声，一方面公关要给予专业的处理建议，另一方面公关要尽快得到公司内部的理解和支持。很多时候，公关需要首先劝说公司内部采用某一种方式去和大众和解。每一个决定，都考验着公关部和公司各部门以及高层之间的融合与合作。

随着中国经济的发展，公关这一职业也会变得越来越专业化，祝福那些正在其中以及即将踏入其中的人们。

在本书的末尾，要感谢支持和帮助我的人们。感谢蓝狮子的编辑陈一宁老师,感谢考拉看看创始人马玥,感谢我曾经任职的公司,感谢我的记者和公关朋友们,更感谢我们 PinkinLAB 摄影工作室的每位伙伴。因为你们,才有这本书的完成。感谢读者,谢谢你们抽出宝贵的时间阅读本书,也希望听到你们的意见和建议,联系我请发邮件至 157785505@qq.com。

曹逸韵

图书在版编目（CIP）数据

腾讯公关法 / 黄洪波，孙伟航，曹逸韵著 . —杭州：
浙江大学出版社，2018.8
ISBN 978-7-308-17979-9

Ⅰ．①腾… Ⅱ．①黄… ②孙… ③曹… Ⅲ．①企业管
理—公共关系学—经验 Ⅳ．①F272.9

中国版本图书馆 CIP 数据核字（2018）第 028605 号

腾讯公关法

黄洪波　孙伟航　曹逸韵　著

责任编辑	曲　静	
责任校对	陈思佳	
出版发行	浙江大学出版社	
	（杭州市天目山路 148 号　邮政编码 310007）	
	（网址：http://www.zjupress.com）	
排　　版	杭州中大图文设计有限公司	
印　　刷	浙江新华数码印务有限公司	
开　　本	710mm×1000mm　1/16	
印　　张	14	
字　　数	168 千	
版印次	2018 年 8 月第 1 版　2018 年 8 月第 1 次印刷	
书　　号	ISBN 978-7-308-17979-9	
定　　价	49.00 元	